梅花易数

（宋）邵雍　撰
陈阳　整理

九州出版社　JIUZHOUPRESS｜全国百佳图书出版单位

图书在版编目(CIP)数据

梅花易数／(宋)邵雍撰；陈阳整理. —北京：九州出版社，
2015.11(2024.4重印)

ISBN 978-7-5108-4085-2

Ⅰ.①梅… Ⅱ.①邵… ②陈… Ⅲ.①占卜-中国-古代
Ⅳ.①B992.2

中国版本图书馆 CIP 数据核字(2015)第 293206 号

梅花易数

作　　者　(宋)邵雍 撰　陈阳 整理

责任编辑　王文湛

出版发行　九州出版社

地　　址　北京市西城区阜外大街甲 35 号(100037)

发行电话　(010)68992190/3/5/6

网　　址　www.jiuzhoupress.com

印　　刷　北京捷迅佳彩印刷有限公司

开　　本　880 毫米×1230 毫米　　32 开

印　　张　6.875

字　　数　138 千字

版　　次　2016 年 4 月第 1 版

印　　次　2024 年 4 月第 8 次印刷

书　　号　ISBN 978-7-5108-4085-2

定　　价　28.00 元

前　言

邵雍（1011—1077 年），字尧夫。北宋五大儒（"北宋五子"）之一，著名易学家、理学家、象数学家。

邵雍先生生前影响很大；逝后，宋哲宗年间谥"康节"。按照谥法，温良好乐曰"康"，能固所守曰"节"——这真是对邵夫子一生的绝妙写照。

到了南宋，朝廷追封他"新安伯"，从祀孔子文庙——邵子的灵牌被国家以法令的形式确认，可以供奉在孔圣人的像旁。一介布衣，无职无权，与孔孟亦无亲缘，身后能享此殊荣的，三千多年来，唯有邵雍一人。

南宋大儒，著名思想家、教育家、理学家朱熹曾盛赞邵雍先生：

天挺人豪，英迈盖世。架风鞭霆，历览无际。

手探月窟，足蹑天根。闲中今古，醉里乾坤。

南怀瑾先生评价邵雍：

宋朝五大儒之一的邵康节（邵雍），他是研究《易经》的专家，他的成就是跨越时代的。他把易学整理出来一套法则，可谓前无古人后无来者，后面的人到现在为止，能够真正超越邵康节的还没有。（《我说参同契》）

在易学史上，宋代是一个高峰。一是综合河洛之学与《易经》象数之学的成果，对历史盛衰治乱的规律建立了一个完整的数理体系。以易理的数学模型来表征历史的演化规律，这是独步世界的创见，而且到目前为止仍然是唯一的创见。二是将以往这门经院哲学式的学问化繁为简、化难为易，使其迅速走向民间，突显易经象数学问的实用价值，使易学在社会各阶层的影响与应用日益扩大。

完成这两大变革的代表人物，便是邵雍。

前者体现在他的千古名著《皇极经世》里，后者如《梅花易数》。

大儒黄宗羲编撰《百源学案》时，为邵雍的《梅花易数》作序，就《梅花易数》的来历讲了一个很神奇的故事：

邵子一天午睡，有只老鼠出洞乱窜扰人清梦，于是邵子拿起睡觉时枕的陶枕投击此鼠——当然没有打中，枕头却破成了几瓣。破枕中飘出一纸，上面写道：此枕卖与贤人康节，某年月日某时，击鼠枕破。

邵先生大惊，前去询问卖给他陶枕的陶匠。陶匠说：以前有个人常常拿着《周易》坐卧，我做枕头有时会请他写写书法——必定是这位老先生。而今老先生不来我这里很久了，但我知道他家在哪里。

于是陶匠和邵子前往拜访。老先生不在世很久了，逝前留下一本书，嘱咐家里人：某年某月某时，有个高才到咱家来，把这本书给他，他就能完成我身后的心愿了。

这家人把书拿给邵先生，先生一看，上面有《易》例的条文，并有诀文案例。

邵先生得书归家。一日观梅，枝上有雀鸟争斗，便依此书方法，预测第二天傍晚，有邻家女孩上树折花，掉下来伤了大腿。第二天，果然发生此事。

于是后世相传，名为"梅花数"。

再后来，就称为"梅花易数"了。

此次整理《梅花易数》，我以故宫珍本为底本，再参校各家的本子，删繁就简而成书，以飨有缘的易友。

愿大家开卷有益！

陈　阳

乙未年作于北京易经传习院

序

宋庆历中，康节邵先生隐处山林，冬不炉，夏不扇，盖心在于《易》，忘乎其为寒暑也。犹以为未至，糊《易》于壁，心致而目玩焉。遂于《易》理，欲造《易》之数而未有征也。一日午睡，有鼠走而前，以所枕瓦枕投击之，鼠走而枕破。觉中有字，取视之："此枕卖与贤人康节，某年月日某时，击鼠枕破。"先生怪而询之陶家，其陶枕者曰："昔一人手执《周易》憩坐，举枕其，书此必此老也。今不至久矣。吾能识其家。"先生偕陶往访焉，及门，则已不存矣。但遗书一册，谓其家人曰："某年某月某时，有一秀士至吾家，可以此书授之，能终吾身后事矣。"其家以书授先生，先生阅之，乃《易》之文，并有诀例。当推例演数，谓其人曰："汝父存日，有白金置睡床西北窖中，可以营葬事。"其家如言，果得金。先生受书以归。后观梅，以雀争胜，布算，知次晚有邻人女折花，堕伤其股。其卜盖始于此。后世相传，遂名"观梅数"。又后算落花之日，午时为马所践毁；又算西林寺额，知有阴人之祸。凡此，皆所谓先天之数也。盖未得卦，先得数也。以数起卦，故曰"先天"。若夫见老人有忧色，卜而知老人有食鱼之祸；见少年有喜色，卜而知有婚聘之喜；闻鸡鸣，知鸡必烹；听牛鸣，知牛当杀。凡此，皆后天之数也。盖未得数先得卦也。以卦起数，故曰"后天"。一日，置一椅，以数推之，书椅底曰："某年月日，当为仙客坐破。"之期，果有道者来访，坐破其椅。仙客愧谢，先生曰："物之成毁有数，岂足介意，且公神仙也，幸坐以示教。"因举椅下所书以验，道者愕然。趣起，出，忽不见。乃知数之妙，虽鬼神莫逃，而况于人乎？况于物乎？

目　录

梅花易数卷之一

梅花易数卷之二

梅花易数卷之三

梅花易数卷之四

梅花易数卷之五

附　录

梅花易数卷之一

周易卦数

☰	☱	☲	☳
乾一	兑二	离三	震四
☴	☵	☶	☷
巽五	坎六	艮七	坤八

此为先天八卦之排列次序。①

据《周易·系辞传》云，远古伏羲氏仰观天象，俯察地理，同时又观察动植物的形态生长状况，近取之于身，远取之于外物，于是做八卦，即乾、兑、离、震、巽、坎、艮、坤。卦由━━和━ ━两种符号组成，━━代表阳性的事物，称作阳爻；━ ━代表阴性的事物，称作阴爻。在《易经》中，阳爻有专用名称，叫作"九"；阴爻也有专用名称，叫"六"。八卦的每一卦都由三爻组成。

八卦中，乾卦代表天，坤卦代表地，两个符号代表了时间、空间、宇宙；离卦代表太阳，坎卦代表月亮，震卦

---

① 本书楷体字部分为整理者所加注解，以方便读者理解。

代表雷，巽卦代表风，艮卦代表高山、陆地，兑卦代表水（海洋、河流、沼泽）。古人认为，宇宙就由这八个大的自然现象组成，它们包罗了一切事物。

关于八卦的具体方位，古代流传下来的有两种排列方式，一种是伏羲八卦，一种是文王八卦。伏羲八卦，又称为"先天八卦"。其方位为：乾南、坤北、离东、坎西、兑东南、震东北、巽西南、艮西北。乾一、兑二、离三、震四、巽五、坎六、艮七、坤八即为先天数。

先天八卦次序图

五行生克

金生水　水生木　木生火　火生土　土生金

金克木　木克土　土克水　水克火　火克金

所谓"五行"，即水、火、木、金、土，古人视之为构成宇宙万物的五种基本元素，自然界和社会人生的各种事物和现象，都可依其性质与这五种基本元素相比拟而进行归类。"行"意味着运动、作用、循环，正是这五种各具特性的基本元素不断运动和作用，才形成了宇宙万物的生长与消亡。

古人总结出一套五行相生相克的规律。五行相生关系为：木生火，火生土，土生金，金生水，水生木。因为木能燃火，故木生火；取火能焚万物成为土，故火生土；金属取于土石之中，故土生金；金属器皿可盛水，故金生水；草木得水而生长，故水生木。

五行相克关系为：木克土，土克水，水克火，火克金，金克木。因为木能阻土流失，故木克土；土能阻水流动，故土克水；火遇水而灭，故水克火；金遇火而变，故火克金；木遇刀斧而被破伐，故金克木。

五行相生相克关系实际上是指自然界某种物质对另一种物质起着促进、滋生，或者起着制约、压抑的作用与反作用，正是有了相生、相克的两面，世间万物才能维持一种稳定的平衡与协调。

五行的生克原理被包括占卜在内的古代各种术数运用，将人的命运赋予五种物质的自然属性，以五行生克原理来判断人生的吉凶规律。

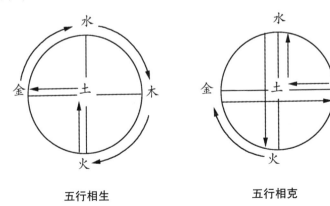

五行相生　　　　　　　　五行相克

八宫所属五行

乾　兑——金

坤　艮——土

震　巽——木

　　坎——水

　　离——火

在五行学说的统摄下，自然界中的空间方位可划为五方：木居东方，金居西方，火居南方，水居北方，土居中央。

关于五行和五方、四季的关系，古人是这么解释的：木本向阳而生，它在春季阳气始生时开始生长。东方正是日出之处，所以木放在东方。火的本性是炎热，夏季炎热，而南方是阳气最盛的季节和方位，所以火放在南方。金的本性是清凉肃杀，秋季树木落叶不再生长，而西方是太阳落山的方位，太阳落山前后阳气衰落，气候清凉，所以金放在西方。水的本性是澄澈寒冷，冬季气候寒冷，我国北方气候也是寒冷，所以把水放在北方。土的本性厚实适中，有利于万物生长，中央地处四方之中，所以土放在中央。

按照后天八卦方位图，位于四正的震、离、兑、坎四卦分别为东、南、西、北，即分别为木、火、金、水。那么，属于四隅的乾、坤、巽、艮如何分配呢？坤象地，艮象山，五行属土；乾有刚健之性，五行属金；巽为阴卦，性柔，与草木相似，五行属木。概括起来，八卦与五行的对应关系就便如上所呈。

卦气旺

震、巽木，旺于春。离火，旺于夏。乾、兑金，旺于秋。坎水，旺于冬。坤、艮土，旺于辰戌丑未月。

卦气衰

春坤、艮。夏乾、兑。秋震、巽。冬离。辰戌丑未坎。

卦气说源自汉代易学思想，主要是借爻象的变化推测气候的变化，进而推断人事的吉凶。所谓卦气，是以八卦或六十四卦配一年四时、十二月、二十四节气、三百六十五日，并以此解释一年节气的变化。具体来说，主要以坎、震、离、兑为四正卦，主一年四季，即坎主冬，震主春，离主夏，兑主秋。这四正卦又分别主管二十四节气中的六个节气，从冬至到惊蛰为坎卦用事，春分到芒种为震卦用事，夏至到白露为离卦用事，秋分到大雪为兑卦。又一卦六爻，正好每爻主管一个节气。

除了这四正卦，其余六十卦分配于十二月之中，每月五卦，每卦主管六日七分，并配入七十二候。自十一月冬至初候开始，中孚卦用事，为一年节气变化的开始。到次年十一月大雪末候，颐卦用事，为一年节气变化之终。

十天干

甲乙东方木

丙丁南方火

戊己中央土

庚辛西方金

壬癸北方水

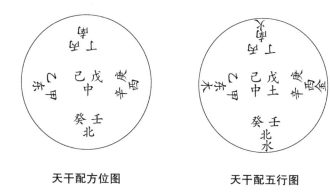

天干配方位图　　　　　天干配五行图

十二地支

子水鼠　丑土牛　寅木虎

卯木兔　辰土龙　巳火蛇

午火马　未土羊　申金猴

酉金鸡　戌土犬　亥水猪

地支配五行图

　　天干、地支，简称干支，是古人用以记录年、月、日、时的一种专门符号，主要用于古代历法中。干支，又作"干枝"，古人将其比作树干与树枝的关系，干强枝弱，以干为主。在占卜术法的运用中，准确而又熟练地掌握干支纪年月日时的方法，可以说是一种基本功。

　　天干有十位，依次为：甲、乙、丙、丁、戊、己、庚、辛、壬、癸。古人认为，这十天干包含有万物荣枯盛衰之象。

　　甲：像草木破土而萌，阳在内而被阴包裹。

　　乙：草木初生，枝叶柔软屈曲。

　　丙：炳也，如赫赫太阳，炎炎火光，万物皆炳燃着，见而光明。

　　丁：草木成长壮实，好比人的成丁。

　　戊：茂盛也，象征大地草木茂盛繁荣。

　　己：起也，纪也，万物抑屈而起，有形可纪。

庚：更也，秋收而待来春。

辛：金味辛，物成而后有味，辛者，新也，万物肃然更改，秀实新成。

壬：妊也，阳气潜伏地中，万物怀妊。

癸：揆也，万物闭藏，怀妊地下，揆然萌芽。

地支有十二位，即：子、丑、寅、卯、辰、巳、午、未、申、酉、戌、亥。其象意与十天干大体相同，也表示植物从生长到衰凋的轮回。

子：孳也，阳气始萌，孳生于下也。

丑：纽也，寒气自屈曲也。

寅：髌也，阳气欲出，阳尚强而髌演于下。

卯：冒也，万物冒地而出。

辰：伸也，万物舒伸而出。

巳：巳也，阳气毕布已矣。

午：仵也，阴阳交相愕而仵也。

未：昧也，日中则昃，阳向幽也。

申：伸束以成，万物之体皆成也。

酉：就也，万物成熟。

戌：灭也，万物灭尽。

亥：核也，万物收藏，皆坚核也。

八卦干支方位图

八卦象例

乾三连　坤六断　震仰盂　艮覆碗

离中虚　坎中满　兑上缺　巽下断

为方便记忆八卦形象，朱熹作此歌诀，见《周易本义》。

占　法

易中秘密穷天地，造化天机泄未然。

中有神明司祸福，从来切莫教轻传。

玩　法

一物从来有一身，一身还有一乾坤。

能知万物备于我，肯把三才别立根。

天向一中分造化，人于心上起经纶。

仙人亦有两般话，道不虚传只在人。

此诀当脱自邵雍《观易吟》（《伊川击壤集》），稍有改动，其原诗为：

一物其来有一身，一身还有一乾坤。

能知万物备于我，肯把三才别立根。

天向一中分体用，人于心上起经纶。

天人焉有两般义，道不虚行只在人。

卦数起例

卦以八除，凡起卦不问数多少，即以八作卦数。过八数即以八数退除，以零数作卦。如一八除不尽，再除二八、三八，直除尽八数，以零数作卦。如得八数整，即坤卦，更不必除也。

爻以六除

凡起动爻，以重卦总数除六，以零作动爻。如不满六，止用此数为动爻，不必再除。如过六数，则除之一六，不尽再除二六、三六，直除尽，以零数作动爻。若一爻动，则看此一爻，是阳爻则变阴爻，阴爻则变阳爻。取爻当以时加之。

卦以八除，爻以六除，这是梅花数占法的运算总则。

凡起卦，不论数字的大小，超过八的数字都以八除，以所得的余数作卦。小于八的数，就以本数起卦，即依伏羲先天八卦数乾一、兑二、离三、震四、巽五、坎六、艮七、坤八的对应次序起卦。余数为零时，以八数起卦，即为坤卦。卦数为八时，不必再除，也以八数起卦。

凡起动爻，都是以所占得重卦的上下两卦数的总数除六，以余数为动爻。如数不满六，就以这个数取动爻，不必再除。超过这个数，就以除六后的余数取爻。如果一爻动，则看这一爻的阴阳；是阴爻的就变为阳爻，是阳爻的就变为阴阳。取动爻，还要加上当时的时辰数。

互卦止用八卦，不必用六十四卦重名

互卦以重卦去了初爻及第六爻，以中间四爻分作两卦，看得何卦。

又云：乾坤无互，互其变卦。

互卦又叫"互体"。就是将六爻重卦中的初爻、六爻去掉，以二、三、四爻组合为新重卦的下卦；以三、四、五爻组合为新重卦的上卦。这个新的重卦，就是原重卦的互卦。

乾、坤二卦的互卦依然是乾、坤，因此并不直接取互卦，而是用它们的变卦（乾的变卦为坤，坤的变卦为乾）去取互卦。

年月日时起例

年月日为上卦，年月日加时总数为下卦。又以年月日时总数取爻。如子年一数，丑年二数，直至亥年十二数。月如正月一数，直至十二月，亦作十二数。日数如初一一数，直至三十日，为三十数。以上年月日共计几数，以八除之，以零数作上卦。时如子时一数，直至亥时为十二数，就将年月日数加时之数，总计几数，以八除之，零数作下卦，就以除六数作动爻。

年数与十二地支相应：子年为一，丑年为二，寅年为三，卯年为四，辰年为五，巳年为六，午年为七，未年为八，申年为九，酉年为十，戌年为十一，亥年为十二。

古代计时数亦与地支相配，子时为一，丑时为二……

直至亥时为十二。

物数占

比见有可数之物，即以此数起作上卦，以时数配作下卦。即以卦数并时数，总除六，取动爻。

声音占

凡闻声音，数得几数，起作上卦，加时数配作下卦。又以声音，如闻动物鸣叫之声，或闻人敲击之声，皆可作数起卦。

字　占

凡见字数，如停匀，即平分一半为上卦，一半为下卦。如字数不匀，即少一字为上卦，取"天轻清"之义；以多一字为下卦，取"地重浊"之义。

一字占

一字为太极未判。如草混沌不明，不可得卦。如楷书，则取其字画，以左为阳画，右为阴画。居左者看几数，取为上卦；居右者看几数，取为下卦。又以一字之阴阳，全画取爻。彳、丿，此为左者；一、乀、乁、丶，此为右者。

二字占

二字为两仪平分。以一字为上卦，以一字为下卦。

三字占

三字为三才。以一字为上卦，二字为下卦。

四字占

四字为四象。平分上下为卦。又四字以上，不必数画数，只以平仄声音调之。平声为一数，上声为二数，去声为三数，入声为四数。

五字占

五字为五行。以二字为上卦，三字为下卦。

六字占

六字为六爻之集。平分上下为卦。

七字占

七字为数齐七政。以三字为上卦，四字为下卦。

八字占

八字为八卦定位。平分上下为卦。

九字占

九字为九畴之义，以四字为上卦，五字为下卦。

十字占

十字为成数。平分上下为卦。

十一字占

十一字以上，至于百余字，皆可起卦。但十一字以上，又不用平仄声音调之，止用字数。如字数均平，则以半为上卦，以半为下卦。又合二卦总数取爻。

丈尺占

丈尺之物，以丈数为上卦，尺数为下卦。合尺丈之数取爻。数寸不系。

尺寸物占

以尺数为上卦，寸数为下卦。合尺寸之数，加时取爻。分数不用。

为人占

凡为人占，其例不一。或听语声起卦，或观其人品，或取诸身，或取诸物，或因其服色，触其外物，或以年月日时，或以书写来意。

右听其语声者，如或一句，即如字数分之起卦。如人说两句，即用先一句为上卦，后一句为下卦。语多，则但用初听一句，或末后闻一语。余句不用。

观其人品者，如老人为乾，少女为兑之类。

取诸其身者，如头动为乾，足动为震，目动为离之类。

取诸其物者，如人手中偶有何物，如金玉及圆物之属为乾，土瓦及方物之属为坤之类。

因其服色者，如其人青衣为震，赤衣为离之类。

触其外物者，起卦之时见水为坎卦，见火为离卦之类。

年月日时，如望梅之类推之。

书写来意者。其人来占，或写来意，则以其字占之。

自己占

凡自己欲占，以年月日时，或闻有声音，或观当时有所触之外物，皆可起卦。已上三例，与前章"为人占"法同。

占动物

凡占群物之动，不可起卦。如见一物，则就以此物为上卦，物来之方位为下卦。合物卦数及方位卦数，加时数取爻，以此卦总断其物，如后天占牛鸣、鸡叫之类。又凡牛马犬豕之类，初生，则以初生年月日时占之。又或置买此物，亦可以初置买之时推之。

占静物

凡占静物，有如江河山石，不可起卦。若至屋宅、树木之类，则屋宅初创之时，树木初置之时，皆可起卦。至于器物，则置成之时可占，如枕、椅之类是矣。余则无故不占。若"观梅"，则见雀争枝坠地而占；"牡丹"，则自有问而占；"茂树"，则枝枯自坠而后占也。

端法后天起卦之例（物卦起例）

后天端法，以物为上卦，方位为下卦，合物卦之数与方卦之数，加时数以取动爻。

八卦万物属类（并为上卦）

乾卦：天、父、老人、官贵、头、骨、马、金、宝珠、玉、水果、圆物、冠、镜、刚物、大赤色、水、寒。

坤卦：地、母、老妇、土、牛、釜、布帛、文章、舆、辇、方物、柄、黄色、瓦器、腹、裳、黑色、黍稷、书、米、谷。

震卦：雷、长男、足、发、龙、百虫、蹄、竹、萑苇、马鸣、母足、颡、稼、乐器之类、草木、青碧绿色、树、木核、柴、蛇。

巽卦：风、长女、僧尼、鸡、股、百禽、百草、臼、香气、臭、绳、眼、羽毛、帆、扇、枝叶之类、仙道、工匠、直物、工巧之器。

坎卦：水、雨雪、工、豕、中男、沟渎、弓轮、耳、血、月、盗、宫律、栋、丛棘、狐、蒺藜、桎梏、水族、鱼、盐、酒醯、有核之物、黑色。

离卦：火、雉、日、目、电、霓、霞、中女、甲胄、戈兵、文书、槁木、炉、鳖、龟、蟹、蚌、凡有壳之物、红赤紫色、花、文人、干燥物。

艮卦：山、土、少男、童子、狗、手、指、径路、门阙、果蓏、阍寺、鼠、虎、狐、黔喙之物、木生之物、藤生之爪、鼻。

兑卦：泽、少女、巫、舌、妾、肺、羊、毁折之物、带口之器、属金者、废缺之物、奴、仆、婢。

八卦方位图

右离南坎北，震东兑西，人则介乎其中。凡物之从花甲来，并起作下卦，加时取爻。

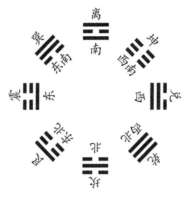

八卦方位图

上为后天八卦方位图。

后天八卦，又称为"文王八卦"，相传为文王所作。《说卦传》中说："万物出乎震，震，东方也；齐乎巽，巽，东南也。……离也者，明也，万物皆相见，南方之卦也。……坤也者，地也，万物皆致养焉，故曰致役乎坤。兑，正秋也，万物之所说也……乾，西北之卦也，言阴阳相薄也。坎者，水也，正北方之卦也……艮，东北之卦也，万物之所成终而所成始也。"后天八卦方位即由此来。

先天八卦方位则为：乾南、坤北、离东、坎西、兑东南、震东北、巽西南、艮西北。现在我们所见到的先天八卦图是宋代陈抟根据《说卦传》中的文字推演出来的，即：

"天地定位，山泽通气，雷气相薄，水火不相错，八卦相错，数往者顺，知来者逆，是故易逆数也。"所以以乾（天）坤（地）定上下之位，离（火）坎（水）列左右之门，艮（山）对兑（泽），巽（风）对震（雷）。

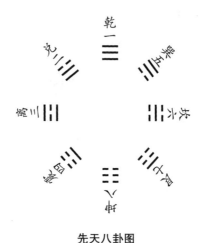

先天八卦图

观梅占（年月日时占例）

辰年十二月十七日申时，康节先生偶观梅，见二雀争枝坠地。先生曰："不动不占，不因事不占。今二雀争枝坠地，怪也。"因占之，辰年五数，十二月十二数，十七日十七数，共三十四数，除四八三十二，得二，属兑，为上卦；加申时九数，总得四十三数，五八除四十，零得三数，为离，作下卦。又上下总四十三数，以六除，六七除四十二，得一零为动爻，是为泽火革。初爻变咸，互见乾巽。

泽火革　　　　泽山咸　　　天风姤

兑离　　　　初爻动变　　互

断之曰：详此卦，明晚当有女子折花，园丁不知而逐之，女子失惊坠地，遂伤其股。右兑金为体，离火克之。互中巽木，复生起离火，则克体之卦气盛。兑为少女，因知女子之被伤。而互中巽木，又逢乾金、兑金克之，则巽木被伤，而巽为股，故有伤股之应。幸变为艮土，兑金得生，知女子但被伤，而不至凶危也。

牡丹占

已年三月十六日卯时，先生与客往司马公家共观牡丹。时值花开甚盛，客曰："花盛如此，亦有数乎？"先生曰："莫不有数。且因问而可占矣。"遂占之。以已年六数，三月三数，十六日十六数，总得二十五数，除三八二十四数，零一数为乾，为上卦；加卯时得四数，共得二十九数，又除三八二十四数，得零五为巽卦，作下卦，得天风姤。又以总计二十九数，以六除之，四六除二十四，得零五爻动变鼎卦，互见重乾。遂与客曰："怪哉！此花明日午时，当为马所践毁。"众客愕然不信。次日午时，果有贵官观牡丹，二马相啮，群至花间驰骤，花尽为之践毁。

断之曰：巽木为体，乾金克之，互卦又见重乾，克体之卦多矣，卦中无生意，固知牡丹必为践毁。所谓马者，乾为马也。午时者，离明之象，是以知之也。

邻夜扣门借物占（系闻声占例）

冬夕酉时，先生方拥炉，有扣门者，初扣一声而止，继而又扣五声，且云借物。先生令勿言，令其子占之，试所借何物。以一声属乾为上卦，以五声属巽为下卦，又以一乾五巽共六数，加酉时数，共得十六数，以六除之，二六一十二，得天风姤。第四爻变巽卦，互见重乾。卦中三乾金，二巽木，为金木之物也。又以乾金短而巽木长，是借斧也。

子乃断曰："金短木长者，器也，所借锄也。"先生曰："非锄。必斧也。"问之，果借斧。其子问何故，先生曰："起数又须明理。以卦推之，斧亦可也，锄亦可也。以理推之，夕晚安用锄？必借斧。盖斧切于劈柴之用耳。"推数又须明理，为卜占之切要也。盖数不推理，是不得也。学数者志之。

今日动静如何（系声音占例）

有客问曰："今日动静如何？"遂将此六字占之。以平分"今日动"三字为上卦。"今"平声，一数；"日"入声，四数；"动"去声，三数。共八数，得坤，为上卦。以"静如何"为下卦。"静"去声，三数；"如"平声，一数；"何"平声，一数。共五数，得巽，为下卦。又以八五总为十三数，除二六一十二，零得一数，为地风升。初爻动，变泰卦，互见震、兑。遂谓客曰："今日有人相请，客不多，酒不醉，味止鸡黍而已。"当晚果然。

坤
巽　　地风升　　初爻动变　　地天泰　　互　　雷泽归妹

断曰：升者，有升阶之义，互震、兑，有东西席之分。卦中兑为口，坤为腹，为口腹之事，故知有人相请。客不多者，坤土独立，无同类之卦气也。酒不醉，卦中无坎。味止鸡黍者，坤为黍稷耳。盖卦无相生之义，故知酒不多，食品不丰也。

西林寺牌额占（系字画占例）

先生偶见西林寺之额，"林"字无两钩，因占之。以

"西"字七画为艮，作上卦；以"林"字八画为坤，作下卦。以上七画下八画总十五画，除二六一十二，零数得三，是山地剥卦。第三爻动变艮，互见重坤。

山地剥　　　　　　　艮　　　　　坤

艮坤　　三爻动变　　　　互

断曰：寺者，纯阳之所居。今卦得重阴之爻，而又有群阴剥阳之兆。详此，则寺中当有阴人之祸。询之，果然。遂谓寺僧曰："何不添'林'字两钩，则自然无阴人之祸矣。"僧信然，即添"林"字两钩，寺果无事。

右纯阳之人所居，得纯阴之卦，故不吉。又有群阴剥阳之义，故有阴人之祸。若添"林"字两钩，则十画，除八得二为兑卦，合上艮，是为山泽损。第五爻变动为中孚卦，互卦见坤、震，损者益之，始用互俱生体，为吉卦，可以得安矣。

山泽损　　　　　　风泽中孚　　　　地雷复

艮兑　　五爻动变　　　　　互

右已上并是先得数，以数起卦，所谓先天之数也。

老人有忧色占 (端法占例)

己丑日卯时，偶在途行，有老人往巽方，有忧色。问其何以有忧，曰无。怪而占之，以老人属乾为上卦，巽方为下卦，是天风姤。又以乾一巽五之数，加卯时四数，总十数，除六得四为动爻，是为天风姤之九四。《易》曰："包无鱼，凶。"是《易》辞不吉矣。以卦论之，巽木为体，乾金克之，互卦又见重乾，俱是克体，并无生气，且时在途行，其应速。遂以成卦之数中分而取其半，谓老人曰："汝于五日内谨慎出入，恐有重祸。"果五日，此老赴吉席，因鱼骨鲠而终。

天风姤 　　　　巽　　乾
乾巽　　四爻动变　　　互

右凡占卜，克应之期看自己之动静，以决事之迟速，故行则应速，以遂成卦之数，中分而取其半也。坐则事应迟，当倍其成卦之数而定之也。立则半迟半速，止以成卦之数定之可也。虽然如是，又在变通，如占牡丹及观梅之类，则二花皆朝夕之故，岂特成数之久也。

少年有喜色占

壬申日午时，有少年从离方来，喜形于色。问有何喜，曰无。遂占之，以少年属艮为上卦，离为下卦，得山火贲。以艮七离三加午时七，总十七数，除十二，得零五为动爻，是为贲之六五爻，曰："贲于丘园，束帛戋戋，吉。"《易》辞已吉矣。卦则贲之家人，互见震、坎，离为体，互变俱生之。

山火贲　　　风火家人　　　雷水解

艮离　　五爻动变　　　互

断曰：子于十七日内必有聘币之喜。至期，果然定亲。

牛哀鸣占

癸卯日午时，有牛鸣于坎方，声极悲，因占之。牛属坤，为上卦，坎方为下卦。坎六坤八，加午时七，共二十一数，除三六一十八，三爻动得地水师之三爻。《易》辞曰："师或舆尸，凶。"卦则师变升，互坤、震，乃坤为体，互变俱克之，并无生气。

地水师　　　地风升　　　地雷复

坤坎　　三爻动变　　　互

断曰：此牛二十一日内必遭屠杀。后二十日，人果买此牛，杀以犒众，悉皆异之。

鸡悲鸣占

甲申日卯时，有鸡鸣于乾方，声极悲怆，因占之。鸡属巽，为上卦，乾方为下卦，得风天小畜。以巽五乾一共六数，加卯时四数，总十数，除六，得四爻动变乾，是为小畜之六四。《易》曰："有孚，血去惕出。"以血推之，割鸡之义。卦则小畜之乾，互见离、兑。乾金为体，离火克之。卦中巽木离火，有烹饪之象。

断曰：此鸡十日当烹。果十日，客至，有烹鸡之验。

枯枝坠地占

戊子日辰时，偶行至中途，有树蔚然，无风，枯枝自坠地于兑方。占之，槁木为离，作上卦，兑方为下卦，得火泽睽。以兑二离三，加辰时五数，总十数，除六零四，变山泽损，是睽之九四。《易》曰："睽孤，遇元夫。"卦火泽睽变损，互见坎、离，兑金为体，离火克之，且睽、损卦名，俱有伤残之义。

断曰：此树十日当伐。果十日，伐树起公廨，而匠者适字"元夫"也。

右已上诸占例，并是先得卦，以卦起数，所谓后天之数也。

风觉鸟占

风觉鸟占者，谓见风而觉，见鸟而占也。然非风鸟二占，而谓风觉鸟占也。凡卦之寓物者，皆谓之风觉鸟占。如易数，总谓之观梅之数也。

风觉占

风觉占者，谓其见风而觉也，见鸟而占也。凡见风起而欲占之，便看风从何方而来，以之起卦。又须审其时，察其色，以推其声势，然后可断其吉凶。风从何方来者，如风从南方来者，为家人（南方属离火，合得风火家人卦）。东来者，为益卦之类。审其时者，春为发生和畅之风，夏为长养之风，秋为肃杀，冬为凛冽之类。察其色者，带埃烟云气，可见其色。黄者，祥瑞之气；青者，半凶半吉；白，主刃；气黑昏者，凶；赤色者，灾；红紫者，吉。辨其声势者，其风声如阵马，主斗争；如波涛者，有惊险；如悲咽者，有忧虞；如奏乐者，有喜事；如喧呼者，主闹哄；如烈焰者，有火惊；其声洋洋而来，徐徐而去者，吉庆之兆也。

鸟　占

鸟占者，见鸟可占也。凡见鸟群，数其只数，看其方所，听其声音，辨其毛羽色，皆可起数。又须审其名义，察其鸣叫，取其吉凶。见鸟而占，数其只数者，如一只属乾，二只属兑，三只属离。看其方所者，即离南、坎北之数。听其声音者，如鸟叫一声属乾，二声属兑，三声属离之类，皆可起卦。听声音者，若夫鸣叫之喧啾者，主口舌；鸣叫悲咽者，主忧愁；鸣叫嘹亮者，主吉庆。此取断吉凶之声音也。察其名义者，如鸦报灾，鹊报喜，鸾鹤为祥瑞，鹗鹏为妖孽之类是也。

听声音占

声音者，如静室无所见，但于耳中所闻起卦。或数其数，验其方所，或辨其物声，详其所属，皆可起卦。察其悲喜，助断吉凶。数其数目者，如一声属乾，二声属兑。验其方所者，离南、坎北之类是也。如人语声及动物鸣叫之声，声自口出者属兑。而静物扣击属震，鼓拍槌敲、板木之声是也；金声属乾，钟磬钲铎之声是也；火声属离，烈焰炬爆等声是也；土声属坤，筑基、杵垣、坡崩、山裂是也。此辨其物声，详其所属也。察其悲喜，助断吉凶者，如闻人语笑声，又说吉语娱笑者，有喜也；人悲泣声与怨声、愁语及骂詈、穷叹等声，不吉也。

形物占

形物占者，凡见物形，可以起卦。如物之圆者属乾，刚者属兑，方者属坤，柔者属巽，仰者属震，覆者属艮，长者属巽，中刚外柔者属坎，内柔外刚者属离，干燥枯槁者属离，有文彩者亦属离，用障碍之势、物之破者属兑。

验色占

凡占，色之青者属震，红紫赤者属离，黄色者属坤，白色属兑，黑色属坎之类是也。

八卦所属内外动静之图

乾：玄黄、大赤色、金玉、宝珠、镜、狮、圆物、木果、贵物、冠、象、马、天鹅、刚物。

坎：水、带子、带核之物、豕、鱼、弓轮、水具、水中之物、盐、黑色、酒。

艮：土石、黄色、虎、狗、土中之物、瓜果、百禽、鼠、黔喙之物。

震：竹木、青绿碧色、龙、蛇、萑苇、竹木乐器、草、蕃鲜之物。

巽：木、蛇、长物、青碧绿色、山木之禽鸟、香、鸡、直物、竹木之器、工巧之器。

离：火、文书、干戈、雉、龟、蟹、槁木、甲胄、螺、蚌、鳖、物赤色。

坤：土、万物、五谷、柔物、丝绵、百禽、牛、布帛、舆、釜、瓦器、黄色。

兑：金刃、金器、乐器、泽中之物、白色、有口缺之物、羊。

八卦万物类占

乾　卦

一　金

乾为天　天风姤　天山遁　天地否
风地观　山地剥　火地晋　火天大有

【天时】天、冰、雹、霰。

【地理】西北方、京都、大郡、形胜之地、高亢之所。

【人物】君父、大人、老人、长者、官宦、名人、公门人。

【人事】刚健、武勇、果决、多动少静、高上下屈。

【身体】首、骨、肺。

【时序】秋、九十月之交、戌亥年月日时、五金年月日时。

【动物】马、天鹅、狮、象。

【静物】金玉、宝珠、圆物、木果、刚物、冠、镜。

【屋舍】公廨、楼台、高堂、大厦、驿舍、西北向之居。

【家宅】秋占宅兴隆，夏占有祸，冬占冷落，春占吉利。

【婚姻】贵官之眷，有声名之家。秋占宜成，冬夏占不利。

【饮食】马肉、珍味、多骨、肝肺、干肉、木果、诸物之首、圆物、辛辣之物。

【生产】易生，秋占生贵子，夏占有损，坐宜向西北。

【求名】有名，宜随朝内任，刑官、武职、掌权，宜西北方之任，天使、驿宫。

【谋望】有成，利公门，宜动中有财，夏占不成，冬占多谋少遂。

【交易】宜金玉珍宝珠贵货，易成，夏占不利。

【求利】有财，金玉之利，公门中得财。秋占大利，夏占损财，冬占无财。

【出行】利于出行，宜入京师，利西北之行。夏占不利。

【谒见】利见大人、有德行之人，宜见官贵，可见。

【疾病】头面之疾、肺疾、筋骨疾、上焦疾，夏占不安。

【官讼】健讼，有贵人助。秋占得胜，夏占失理。

【坟墓】宜向西北，宜乾山气脉，宜天穴，宜高。秋占出贵，夏占大凶。

【方道】西北。

【五色】大赤色、玄色。

【姓字】带金旁者，商音，行一四九。

【数目】一、四、九。

【五味】辛、辣。

坤　卦

八　土

坤为地　　地雷复　　地泽临　　地天泰

雷天大壮　泽天夬　　水天需　　水地比

【天时】云阴、雾气。

【地理】田野、乡里、平地、西南方。

【人物】老母、后母、农夫、乡人、众人、大腹人。

【人事】吝啬、柔顺、懦弱、众多。

【身体】腹、脾、胃、肉。

【时序】辰戌丑未月、未申年月日时、八五十月日。

【静物】方物、柔物、布帛、丝绵、五谷、舆、斧、瓦器。

【动物】牛、百兽、为牝马。

【屋舍】西南向、村居、田舍、矮屋、土阶、仓库。

【家宅】安稳、多阴气，春占宅舍不安。

【饮食】牛肉、土中之物、甘味、野味、五谷之味、芋笋之物、腹脏之物。

【婚姻】利于婚姻，宜税产之家、乡村之家或寡妇之家。春占不利。

【生产】易产，春占难产、有损，或不利于母，坐宜西南方。

【求名】有名，宜西南方，或教官、农官守土之职。春占虚名。

【交易】宜利交易，宜田土交易，宜五谷，利贱货、重物、布帛，静中有财。春占不利。

【求利】有利，宜土中之利、贱货重物之利。静中得财，春占无财，多中取利。

【谋望】利求谋，乡里求谋，静中求谋，春占少遂。或谋于妇人。

【出行】可行，宜西南行，宜往乡里行，宜陆行。春占不宜行。

【谒见】可见，利见乡人，宜见亲朋或阴人。春不宜见。

【疾病】腹疾、脾胃之病、饮食停伤、谷食不化。

【官讼】理顺，得众情，讼当解散。

【坟墓】宜向西南之穴、平阳之地，近田野，宜低葬，春不可葬。

【姓字】宫音，带土姓人，行位八、五、十。

【数目】八、五、十。

【方道】西南。

【五味】甘。

【五色】黄、黑。

震　卦

四　木

震为雷　雷地豫　雷水解　　雷风恒
地风升　水风井　泽风大过　泽雷随

【天时】雷。

【地理】东方、树木、闹市、大途、竹林、草木茂盛之所。

【身体】足、肝、发、声音。

【人事】起动、怒、虚惊、鼓躁、多动、少静。

【人物】长男。

【时序】春三月、卯年月日时、四三八月日。

【静物】木竹、萑苇、乐器（属竹木者）、花草繁鲜之物。

【动物】龙、蛇。

【屋舍】东向之居、山林之处、楼、阁。

【家宅】宅中不时有虚惊。春冬吉，秋占不利。

【饮食】蹄、肉、山林野火、鲜肉、果酸味、菜蔬。

【婚姻】可有成，声名之家。利长男之婚。秋占不宜婚。

【求利】山林竹木之财，宜东方求财，动处求财，或山林竹木茶货之利。

【求名】有名，宜东方之任、施号发令之职，掌刑狱之官。有茶竹木税课之任，或闹市司货之职。

【生产】虚惊，胎动不安，头胎必生男。坐宜东向，秋占必有损。

【疾病】足疾、肝经之疾、惊怖不安。

【谋望】可望、可求，宜动中谋。秋占不遂。

【交易】利于成交。秋占难成，动而可成。山林竹木茶货之利。

【官讼】健讼，有虚惊，行移取勘反复。

【谒见】可见，宜见山林之人，利见宜有声名之人。

【出行】宜向利于东方，利山林之人。秋占不宜行，但恐虚惊。

【坟墓】利于东向，山林中穴，秋不利。

【姓字】角音，带木姓氏，行位四、八、三。

【数目】四、八、三。

【五味】酸味。

【五色】青、绿、碧。

巽　卦

五　木

巽为风　　风天小畜　风火家人　风雷益

天雷无妄　火雷噬嗑　山雷颐　　山风蛊

【天时】风。

【地理】东南方之地、草木茂秀之所、花果菜园。

【人物】长女、秀士、寡妇之人、山林仙道之人。

【人事】柔和、不定、鼓舞、利市三倍、进退不果。

【身体】肱股、气、风疾。

【时序】春夏之交、三五八之月日时、三月、辰巳年月日时。

【静物】木香、绳、直物、长物、竹木、工巧之器。

【动物】鸡、百禽、山林中之禽虫。

【屋舍】东南向之居、寺观楼园、山林之居。

【家宅】安稳利市。春占吉，秋占不安。

【饮食】鸡肉、山林之味、蔬果、酸味。

【婚姻】可成，宜长女之婚。秋占不利。

【生产】易生，头胎产女。秋占损胎，宜向东南坐。

【求名】有名，宜文职，有风宪之力。宜入风宪，宜茶课竹木税货之职，宜东南之任。

【求利］有利三倍，宜山林之利。秋占不吉，竹木茶货之利。

【交易】可成，进退不一，交易之利，山林交易，山林茶木之类。

【谋望】可谋望，有财，可成。秋占多谋少遂。

【出行】可行，有出入之利。宜向东南行。秋占不利。

【谒见】可见，利见山林之人，利见文人秀士。

【疾病】股肱之疾、风疾、肠疾、中风、寒邪、气疾。

【姓字】角音，草木旁姓氏，行位五、三、八。

【官讼】宜和，恐遭风宪之责。

【坟墓】宜东南方向，山林之穴，多树木。秋占不利。

【数目】五、三、八。

【方道】东南。

【五味】酸味。

【五色】青、绿、碧、洁白。

坎　卦

六　水

坎为水　水泽节　水雷屯　　水火既济
泽火革　雷火丰　地火明夷　地水师

【天时】雨、月、雪、霜、露。

【地理】北方、江湖、溪涧、泉井、卑湿之地（沟渎池沼，凡有水处）。

【人物】中男、江湖之人、舟人、盗贼。

【人事】险陷卑下，外示以柔，内存以利，漂泊不成，随波逐流。

【身体】耳、血、肾。

【时序】冬十一月、子年月日时、一六之月日。

【静物】水、带子、带核之物、弓轮矫輮之物、酒器、水具。

【动物】豕、鱼、水中之物。

【屋舍】向北之居、近水、水阁、江楼、茶酒肆、宅中湿地之处。

【饮食】豕肉、酒、冷味、海味、羹汤、酸味、宿食、鱼、带血、淹藏、有带核之物、水中之物、多骨之物。

【家宅】不安、暗昧、防盗。

【婚姻】利中男之婚，宜北方之姻，不利成婚，不可婚辰戌丑未月。

【生产】难产有险，宜次胎男，中男。辰戌丑未月有损，宜北向。

【求名】艰难，恐有灾陷。宜北方之任、鱼盐河泊之职。

【求利】有财失，宜水边财，恐有失陷。宜鱼盐酒货之利，防阴失，防盗。

【交易】不利成交，恐防失陷。宜水边交易，宜鱼盐酒货之交易，或点水人之交易。

【谋望】不宜谋望，不能成就。秋冬占可谋望。

【出行】不宜远行，宜涉舟，宜北方之行。防盗，恐遇险阻陷溺之事。

【谒见】难见，宜见江湖之人，或有水旁姓氏之人。

【疾病】耳疼、心疾、感寒、肾疾、胃冷水泻、痼冷之病、血病。

【官讼】不利，有阴险，有失困讼，失陷。

【坟墓】宜北向之穴、近水旁之墓，不利葬。

【姓字】羽音，点水旁之姓氏，行位一、六。

【数目】一、六。

【方道】北方。

【五味】咸、酸。

【五色】黑。

离　卦

三　火

离为火　火山旅　火风鼎　火水未济
山水蒙　风水涣　天水讼　天火同人

【天时】日、电、虹、霓、霞。

【地理】南方、干亢之地、窑、灶、炉冶之所、刚燥厥地、其地面阳。

【人物】中女、文人、大腹、目疾人、介胄之士。

【人事】文画之所、聪明才学、相见虚心、书事。

【身体】目、心、上焦。

【时序】夏五月、午火年月日时、三二七日。

【静物】火、书、文、甲胄、干戈、槁衣、干燥之物、赤色之物。

【动物】雉、龟、鳖、蟹、螺、蚌。

【屋舍】南向之居、阳明之宅、明窗、虚室。

【家宅】安稳、平善，冬占不安，克体主火灾。

【饮食】雉肉、煎炒、烧炙之物、干脯之类、热肉。

【婚姻】不成，利中女之婚。夏占可成，冬占不利。

【生产】易生，产中女。冬占有损，坐宜向南。

【求名】有名，宜南方之职、文官之任，宜炉冶坑场之职。

【求利】有财，宜南方求，有文书之财。冬占有失。

【交易】可成，宜有文书之交易。

【谋望】可以谋望，宜文书之事。

【出行】可行，宜动向南方，就文书之行。冬不宜行，不宜行舟。

【谒见】可见南方人。冬占不顺，秋见文书考案才士。

【官讼】易散，文书动，辞讼明辨。

【疾病】目疾、心疾、上焦、热病、夏占伏暑、时疫。

【坟墓】南向之墓，无树木之所阳穴。夏占出文，冬占不利。

【姓字】徵音，带火及立人旁姓氏，位行三、二、七。

【数目】三、二、七。

【方道】南。

【五色】赤、紫、红。

【五味】苦。

艮　卦

七　土

　　艮为山　　山火贲　　山天大畜　　山泽损

　　火泽睽　　天泽履　　风泽中孚　　风山渐

【天时】云、雾、山、岚。

【地理】山、径路、近山城、丘陵、坟墓、东北方。

【人物】少男、闲人、山中人。

【人事】阻滞、守静、进退不决、反背、止住、不见。

【身体】手、指、骨、鼻、背。

【时序】冬春之月、十二月、丑寅年月日时、土年月日时、七五十数月日。

【静物】土石、瓜果、黄物、土中之物。

【动物】虎、狗、鼠、百兽、黔喙之属。

【家宅】安稳，诸事有阻，家人不睦。春占不安。

【屋舍】东北方之居、山居，近石、近路之宅。

【饮食】土中物味、诸兽之肉、墓畔竹笋之物、野味。

【婚姻】阻隔难成，成亦迟，利少男之婚。春占不利，宜对乡里婚。

【求名】阻隔无名，宜东北方之任，宜土官山城之职。

【求利】求财阻隔，宜山林中取财。春占不利，有损失。

【生产】难生，有险阻之厄。宜向东北，春占有损。

【交易】难成，有山林田土之交易。春占有失。

【谋望】阻隔难成，进退不决。

【出行】不宜远行，有阻，宜近陆行。

【谒见】不可见，有阻，宜见山林之人。

【疾病】手指之疾、脾胃之疾。

【官讼】贵人阻滞，未讼未解，牵连不决。

【坟墓】东北之穴，山中之穴。春占不利，近路边有石。

【姓字】宫音，带土字旁姓氏，行位五、七、十。

【数目】五、七、十。

【方道】东北方。

【五色】黄。

【五味】甘。

兑 卦

二 金

兑为泽　泽水困　泽地萃　　泽山咸

水山蹇　地山谦　雷山小过　雷泽归妹

【天时】雨泽、新月、星。

【地理】泽、水际、缺池、废井、山崩破裂之地，其地为刚卤。

【人物】少女、妾、歌妓、伶人、译人、巫师。

【人事】喜悦、口舌、谗毁、谤说、饮食。

【身体】舌、口、肺、痰、涎。

【时序】秋八月、酉年月日时、金年月日、二四九数月日。

【静物】金刃、金类、乐器、缺器、废物。

【动物】羊、泽中之物。

【屋舍】西向之居，近泽之居，败墙壁宅，户有损。

【家宅】不安，防口舌。秋占喜悦，夏占家宅有祸。

【饮食】羊肉、泽中之物、宿味、辛辣之味。

【婚姻】不成，秋占可成。又喜，主成婚之吉，利婚少女。夏占不利。

【生产】不利，恐有损胎，或则生女。夏占不利，坐宜向西。

【求名】难成，因名有损。利西之任，宜刑官、武职、伶官、译官。

【求利】无利，有损，财利主口舌。秋占有财喜，夏占破财。

【出行】不宜远行，防口舌或损失。宜西行，秋占宜行，有利。

【交易】不利，防口舌，有争竞。夏占不利，秋占有交易之财喜。

【谋望】难成，谋中有损。秋占有喜，夏占不遂。

【谒见】利行西方见，有咒诅。

【疾病】口舌咽喉之疾、气逆喘疾、饮食不飧。

【坟墓】宜西向，防穴中有水，近泽之墓。夏占不宜，或葬废穴。

【官讼】争讼不已，曲直未决，因公有损，防刑。秋占为体得理胜讼。

【姓字】商音，带口、带金字旁姓氏，位行二、四、九。

【数目】二、四、九。

【方道】西方。

【五色】白。

【五味】辛辣。

右万物之象，庶事之多不止于此，占者宜各以其类而推之耳。

梅花易数卷之二

心易占卜玄机

天下之事有吉凶，托占以明其机；天下之理无形迹，假象以显其义。故乾有健之理，于马之类见之；故占卜寓吉凶之理，于卦象内见之。然卦象一定不易之理，而无变通之道，不可也。易者，变易而已矣。至如今日观梅复得革兆，有女子折花，异日果有女子折花，可乎？今日算牡丹得妮兆，为马所践，异日果为马所践毁，可乎？且兑之属，非止女子；乾之属，非止马。谓他人折花有毁，皆可切验之真，是必有属矣。嗟呼！占卜之道，要变通。得变通之道者，在乎心易之妙耳。

占卜总诀

大抵占卜之法，成卦之后先看《周易》爻辞，以断吉凶。如乾卦初九"潜龙勿用"，则诸事未可为，宜隐伏之类；九二"见龙在田，利见大人"，则宜谒见贵人之类。余皆仿此。

次看卦之体用，以论五行生克。体用即动静之说。体为主，用为事应。用事体及比和，则吉；体生用及克体，则不吉。

又次看克应。如闻吉说见吉兆则吉，闻凶说见凶兆则凶，见圆物事易成，见缺物事终毁之类。

复验己身之动静。坐则事应迟，行则事应速，走则愈速，卧则愈迟之类。数者既备，可尽占卜之道，必须以易卦为主，克应次之。俱吉则大吉；俱凶则大凶；有凶有吉，则详审卦辞，及克用体应之类，以断吉凶也。要在圆，机不可执。

此处介绍梅花易断卦步骤：第一，以"卦以八除，爻以六除"的总则起卦、成卦。第二，以所得卦看《周易》中相应的卦爻辞以断吉凶。第三，看体用生克比和关系。体用，即根据动爻来区分体卦、用卦。体卦为主，为自己；用卦为次，为所占之事，或所占之人。用卦生体卦，或者体用比和，则所谋吉利；体卦生用卦，或用卦克体卦，所谋为不吉。第四，看克应，即看断卦过程中身外事物之吉凶兆应。

占卜论理诀

数说当也，必以理论之而后备。苟论数而不论理，则拘其一见而不验矣。且如饮食得震，则震为龙。以理论之，龙非可取，当取鲤鱼之类代之。又以天时之得震，当有雷声，若冬月占得震，以理论之，冬月岂有雷声，当有风撼震动之类。既知已上数条之诀，复明乎理，则占卜之道无余蕴矣。

先天后天论

先天卦断吉凶，止以卦论，不甚用《易》之爻辞。后天则用爻辞，兼用卦辞，何也？盖先天者，未得卦，先得数，是未有《易》书，先有易理，辞前之易也。故不必用《易》书之辞，专以卦断。后天则以先得卦，必用卦画，辞后之易也。故用爻之辞，兼《易》卦辞以断之也。

又后天起卦，与先天不同，其数不一。今人多以坎一、坤二、震三、巽四、中五、乾六、兑七、艮八、离九此数为用。盖圣人作《易》画卦，始以太极、两仪、四象、八卦加一倍数，自成乾一、兑二、离三、震四、巽五、坎六、艮七、坤八。故占卜起卦，合以此数为用。又今人起后天卦，多不加时，得此一卦，止此一爻动，更无移易变通之道。故后天起卦定爻必加时而后可。

又先天之卦，定事应之期，则取之卦气。如乾、兑则应如庚、辛及五金之日，或乾为戌、亥之日时，兑为酉日时。如震、巽当应于甲、乙及五木之日，或震取卯、巽取辰之类。后天则以卦数加时数，总之而分行卧坐立之迟速，以为事应之期。卦数时类应近而不能决诸远者，必合先后之卦数取决可也。

又凡占卦中决断吉凶，其理洞见，止于全卦体用生克之理，及参《易》辞，斯可矣。今日以后天卦，却于六十甲子之日，取其时方之魁、破、败、亡、灭迹等，以助断决。盖乃历象选时，并于《周易》不相干涉，不可用也。

卦断遗论

凡占卜决断，固以体用为主，然有不拘体用者。如起例中西林寺额得山地剥，体用互变，俱比和，则为吉，而乃不吉，何也？盖寺者，纯阳人居之地，而纯阴爻象，则群阴剥阳之义显然也。此理甚明，不必拘体用也。又若有人问："今日动静如何？"得地风升，初爻动，用克体卦，俱无饮食矣，而亦有人相请，虽饮食不丰而终有请，何也？此人当时必有当日之应，又有"如何"二字带口，为重兑之义。又有用不生体，互变生之而吉者，若少年有喜色，占得山火贲是也。又有用不生体，互变俱克之而凶者，如"牛哀鸣"占得地水师是也。盖少年有喜色，占则略知其有喜，而《易》辞又有"束帛戋戋"之吉，是二者俱吉，互变俱生，愈见其吉矣。虽用不生体不吉，不为其害也。牛鸣之哀，则略知其有凶，而《易》爻复有"舆尸"之凶，互变俱克，愈见其凶，虽用爻不克，不能掩其凶也。盖用《易》断卦，当用理胜处验之，不可拘于执一也。

八卦心易体用诀

心易之数，得之者众，体用之诀，有之者罕。余幼读《易》书，长参数学，始得心易卦数。初见起例，以知占其吉凶。如以蠡测海，茫然无涯。后得智人见授体用心易之诀，而后占事之诀，疑始有定。据验则验，如由基射的，百发百中。其要在于分体用之卦，察其五行生克、比和之理，而明乎吉凶悔吝之机也。于是易数之妙始见，而易道之卦义备矣。乃世有真实，人罕遇之耳。得此者，幸甚秘之！

体用总诀

体用云者，如易卦具卜筮之道，则易卦为体，以卜筮用之。此所谓体用者，借"体用"二字以寓动静之卦，以分主客之兆，以为占例之准则也。大抵体用之说，体卦为主，用卦为事，互卦为事之中间，刻应变卦为事之终应。

体之卦气，宜盛不宜衰。盛者如春震、巽，秋乾、兑，夏离，冬坎，四季之月坤、艮是也。衰者，春坤、艮，秋震、巽，夏艮、兑，冬离，四季之月坎是也。

宜受他卦之生，不宜他卦之克。他卦者，谓用互变也。生者，如乾、兑金体，坤、艮生之；坤、艮土体，离火生之；离火体，震、巽木生之。余皆仿此。克者，如金体火克、火体水克之类。

体用之说，动静之机，八卦主宾。五行生克，体为己身之兆，用为应事之端。体宜受用卦之生，用宜见卦体之克。体盛则吉，体衰则凶。用克体固不宜，体生用亦非利。体党多而体势盛，用党多则体势衰。如卦体是金，而互变皆金，则是体之党多。如用卦是金，而互变皆金，则是用之党多。体生用，为之泄气，如夏火逢土（亦泄气）。

体用之间，比和则吉。互乃中间之应，变乃末后之期。故用吉变凶者，先吉后凶；用凶变吉者，先凶后吉。体克用，诸事吉；用克体，诸事凶。体生用，有耗失之患；用生体，有进益之喜。体用比和，则百事顺遂。

又看全卦中有生体之卦，看是何卦。

乾卦生体，则主公门中有喜益，或功名上有喜，或因官有财，或问讼得理，或有金宝之利，或有老人上进财，或尊长惠送，或有官贵之喜。

坤卦生体，主有田土之喜，或于田土进财，或得乡人之益，或得阴人之利，或有果谷之利，或有布帛之喜。

震卦生体，则主山林之益，或因山林得财，或进东方之财，或因动中有喜，或有木货交易之利，或因草木姓氏人称心。

巽卦生体，亦主山林之益，或因山林得财，或于东南得财，或因草木人而进利，或以茶果得利，或茶果菜蔬馈送之喜。

坎卦生体，有北方之喜，或受北方之财，或水边人进利，或因点水人称心，或因鱼盐酒货文书交易之利，或有馈送鱼盐酒之喜。

离卦生体，主有南方之财，或有文书之喜，或有炉冶场之利，或因火姓人而得财。

艮卦生体，有东北方之财，或山田之喜，或因山林田土获财，或宫音带土人之财。物当安稳，事有终始。

兑卦生体，有西方之财，或喜悦事，或有食物玉金货利之源，或商音之人，或带口之人欣逢，或主宾之乐，或朋友讲习之喜。

又看卦中有克体之卦者，看是何卦。

如乾卦克体，主有公事之扰，或门户之扰，或有财宝之失，或于金谷有损，或有怒于尊长，或得罪于贵人。

坤卦克体，主有田土之扰，或于田土有损，或有小人之害，或有阴人之侵，或失布帛之财，或丧谷粟之利。

震卦克体，主有虚惊，常多恐惧，或身心不能安静，或家宅见妖灾，或草木姓氏之人相侵，或于山林有所失。

巽卦克体，亦有草木姓人相害，或于山林上生忧。谋事，乃东南方之人；处家，忌阴人小口之厄。

坎卦克体，主险陷之事，或寇盗之忧，或失意于水边人，或生灾于酒后，或点水人相害，或北方人见殃。

离卦克体，主文书之扰，或失火之惊，或有南方之忧，或火人相害。

艮卦克体，诸事多违，百谋中阻。或有山林田土之失，或带土人相侵，防东北方之祸害，或忧坟墓不当安稳。

兑卦克体，不利西方，主口舌事之纷争。或带口人侵欺，或有毁折之患，或因饮食而生忧。生克不逢，止随本卦而论之。

用梅花易占卜预测，主要是依据动爻区分体卦、用卦、互卦、变卦，结合五行生克比和、卦气旺相休囚的原理，依照卦象的具体涵义及具体占断原则来灵活运用，推断吉凶福祸。其重要的第一步，就是区分体卦用卦。

体卦与用卦，体现了主客之分。主卦为体卦，代表求占者本身的处境或状况；客卦为用卦，代表所询问的人或事的状况。体卦就如同自己，别的卦来生体卦，便如有人来帮助，自然吉利；别的卦来克体卦，便如自己受制于人，被束缚了手脚，自然不吉。体卦为己，体卦生他卦为泄气，不吉；体卦克他卦，说明自己有能力把控局面，能克制对方，为吉。一般来讲，用生体、体用比和最为吉利，体克用比较吉利，这三种情况皆属吉占；用克体大凶，诸事不可为，为必有失，属极不吉之占；体生用虽有耗失之患，但不至大凶，亦属不吉之占。当然，这是一般原则，在具体运用过程中，由于生克关系比较复杂，占断也要复杂得多。

还要分析卦气的旺衰。一般来说，体卦宜旺不宜衰：体卦旺，意味着己方处于有利形势，能够把控和影响全局；体卦衰，则说明己方衰弱乏力，处于不利的境地。具体的卦气旺衰与季节的对应，原文已说得比较明白，这里就不再赘述。卦气旺衰除随季节判断外，还可依据体党、用党的多少来判断。顾名思义，党就是同党、同类，所谓体党、用党，就是体卦、用卦的同类。同类多，得到的扶助就多，卦气自然较旺盛。如体卦为木，而互、变卦都是木，就是体党多，体卦旺。按照"体盛则吉，体衰则凶"的原则，体党多多益善，用党多则体势必衰，卦则不吉，这就是所谓的"体党多而体势盛，用党多则体势衰"。

天时占第一

凡占天时，不分体用，全观诸卦，详推五行。离多主晴，坎多主雨，坤乃阴晦，乾主晴明，震多则春夏雷轰，巽多则四时风烈，艮多则久雨必晴，兑多则不雨亦阴。夏占离多而无坎，则亢旱炎炎；冬占坎多而无离，则雨雪飘飘。

全观诸卦者，谓互变卦。五行谓离属火，主晴；坎为水，主雨；坤为地气，主阴；乾为天，主晴明；震为雷，巽为风，秋冬震多无制，亦有非常之雷，有巽佐之，则为风撼雷动之应；艮为山云之气，若雨久，得艮则当止。艮者，止也，亦土克水之义。兑为泽，故不雨亦阴。

夫以造化之辨固难测，理数之妙亦可凭。是以乾象乎天，四时晴明；坤体乎地，一气惨然。乾、坤两同，晴雨时变；坤、艮两并，阴晦不常。卜数有阳有阴，卦象有奇有偶。阴雨阳晴，奇偶暗重。坤为老阴之极，而久晴必雨。阴气泄散，而久雨必晴。若逢重坎重离，亦曰时晴时雨。坎为水，必雨；离为火，必晴。乾、兑之金，秋明晴，冬雪凛冽；坤、艮之土，春雨泽，夏火炎蒸。《易》曰："云从龙，风从虎。"又曰："艮为云，巽为风。"艮、巽重逢，风云际会，飞沙走石，蔽日藏山，不以四时，不必二用。坎在艮上，布雾兴云，若在兑上，凝霜作雪。乾、兑为霜雪霰雹，离火为日电虹霓。离为电，震为雷，重会而雷电俱作。坎为雨，巽为风，相逢而风雨骤兴。震卦重逢，雷惊百里。坎爻叠见，润泽九垓。故卦体之两逢，亦爻象之总断。

地天泰，水天需，昏蒙之象。天地否，水地比，黑暗之形。八纯离，夏必旱，四季皆晴。八纯坎，冬必寒，四时多雨。久雨不晴，得此亦然。又若水火既济，火水未济，四时不测风云；风泽中孚，泽风大过，三冬必然雨雪。水山蹇，山水蒙，百步必须执盖；地风升，风地观，四时不可行船。离在艮上，暮雨朝晴；离互艮宫，暮晴朝雨。巽、坎互离，虹霞乃见；巽、离互坎，造化亦同。

又须推测四时，不可执迷一理。震、离为电、为雷，应在夏天；乾、兑为霜、为雪，验于冬月。天地之理大矣哉！理数之妙至矣哉！得斯文者，当敬宝之。

人事占第二

人事之占，详观体用。体卦为主，用卦为宾。用克体不宜，体克用则吉。用生体有进益之喜，体生用有耗失之患。体用比和，谋为吉利。更详观互卦、变卦，以断吉凶。复究盛衰，以明休咎。

人事之占，则以全体用总章同决吉凶。若有生体之卦，即看前章八卦中生体之卦有何吉，又看克体之卦有何凶，即看前章克体之卦。无生克，止断本卦。

家宅占第三

凡占家宅，以体为主，用为家宅。体克用，则家宅多吉；用克体，则家宅多凶。体生用，多耗散，或防失盗之忧。用生体，多进益，或有馈送之喜。体用比和，家宅安稳。如有生体之卦，即以前章人事占断之。

屋舍占第四

凡占屋舍，以体为主，用为屋舍。体克用，居之吉；用克体，居之凶。体生用，主资财冷退；用生体，则门户兴隆。体用比和，自然安稳。

婚姻占第五

占婚姻，以体为主，用为婚姻。用生体，婚易成，或因婚有得；体生用，婚难成，或因婚有失。体克用，可成，但成迟；用克体，不可成，成亦有害。体用比和，婚姻吉利。

占婚，体为所占之家，用为所婚之家。体卦旺，则此家门户胜；用卦旺，则彼家资盛。生体，则得婚姻之财，或彼有相就之意；体生，则无嫁奁之资，或此去求婚方谐。若体用比和，则彼此相就，良配无疑。

乾：端正而长。

坎：邪淫，黑色，嫉妒，奢侈。

艮：色黄多巧。

震：美貌难犯。

巽：发少稀疏，丑陋心贪。

离：短赤色，性不常。

坤：貌丑，大腹而黄。

兑：高长，语话喜悦，白色。

生产占第六

占生产，以体为母，用为生。体用俱宜乘旺，不宜乘衰。宜相生，不宜相克。体克用，不利于子；用克体，不利于母。体克用而用卦衰，则子难完；用克体而体卦衰，则母难保。用生体，易于母；体生用，易于子。体用比和，生育顺快。若欲辨其男女，当于前卦审之：阳卦阳爻多者则生男，阴卦阴爻多者则生女。阴阳卦爻相生，则察所占左右人之奇偶以证之。如欲决其日辰，则以用卦之气数参决之。日期用卦之气数者，即看何为用卦，于八卦时序之类决之。

饮食占第七

凡占饮食，以体为主，用为饮食。用生体，饮食必丰；体生用，饮食难就。体克用，则饮食有阻；用克体，饮食必无。体用比和，饮食丰足。又卦中有坎则有酒，有兑则有食。无坎无兑，则皆无。兑、坎生身，酒肉醉饱。欲知所食何物，以饮食推之。欲知席上何人，以互卦人事推之。

饮食人事类者，即前八卦内万物属类是也。

求谋占第八

占求谋，以体为主，用为所谋之应。体克用，谋虽可成，但成迟。用克体，求谋不成，成亦有害。用生体，不谋而成；体生用，则多谋少遂。体用比和，求谋称意。

求名占第九

凡占求名，以体为主，用为名。体克用，名可成，但成迟。用克体，名不可成。体生用，名不可就，或因名有丧。用生体，名易成，或因名有得。体用比和，功名称意。

欲知名成之日，生体之卦气详之。欲知职任之处，变卦之方道决之。若无克体之卦，则名易就。止看卦体时序之类，以定日期。若在任占卜，最忌见克体之卦。如卦有克体者，即居官见祸，轻则上责罚，重则削官退职。其日期克体之卦气者，于八卦所属时序类中断之。

求财占第十

占求财，以体为主，以用为财。体克用，有财；用克体，无财。体生用，财有损耗之忧；用生体，财有进益之喜。体用比和，财利快意。欲知得财之日，生体之卦气定之。欲知破财之日，克体之卦气定之。

又若卦中有体克用之卦，及生体之卦，则有财，此卦气即见财之日。若卦中有克体之卦，及体生用之卦，即破财，此卦气即破财之日。

交易占第十一

占交易，以体为主，用为交易之应。体克用，交易成迟；用克体，不成。体生用，难成，或因交易有失。用生体，即成，成必有财。体用比和，易成交易。

出行占第十二

占出行，以体为主，用为所行之应。体克用，可行，所至多得意。用克体，出则有祸。体生用，出行有破耗之失；用生体，有意外之财。体用比和，出行顺快。

又凡出行，体宜乘旺，诸卦宜生体。体卦乾、震多，主动；坤、艮多，不动。巽宜舟行，离宜陆行。坎防失脱，兑主纷争之应也。

行人占第十三

占行人，以体为主，用为行人。体克用，行人归迟；用克体，行人不归。体生用，行人未归；用生体，行人即归。体用比和，归期不日矣。

又以用卦为行人之盈旺。逢生，在外顺快；逢衰，受克，在外灾殃。震多不宁，艮多有阻。坎有险难，兑主纷争之应。

谒见占第十四

占谒见，以体为主，用为所见之人。体克用，可见；用克体，不见。体生用，难见，见之而无益；用生体，可见，见之且有得。体用比和，欢然相见。

失物占第十五

占失物，以体为主，用为失物。体克用，可寻，迟得；用克体，不可寻。体生用，物难见；用生体，物易寻。体用比和，物不失矣。

又以变卦为失物之所在。如变是乾，则觅于西北，或公廨楼阁之所，或金石之旁，或圆器之中，或高亢之地。变卦是坤，则觅于西南方，或田野之所，或仓廪之处，或稼穑之处，或土窖穴藏之所，或瓦器方器之中。震则寻于东方，或山林之所，或丛棘之内、钟鼓之旁，或闹市之间，或大途之所。巽则寻于东南方，或山林之所，或寺观之地，或菜蔬之园，或舟车之间，或木器之内。坎则寻于北方，多藏于水边，或溪井沟渠之处，或酒醋之边，或鱼盐之地。离则寻于南方，或庖厨之间，或炉冶之旁，或在明窗，或遗虚室，或在文书之侧，或在烟火之地。艮则寻于东北方，或山林之内，或近路边，或岩石旁，或藏土穴。兑则寻于西方，或居泽畔，或败垣破壁之内，或废井缺沼之中。

疾病占第十六

凡占疾病，以体为病人，用为病症。体卦宜旺不宜衰，体宜逢生，不宜见克。用宜生体，不宜克体。是故体克用，病易安；体生用，病难愈。体克用者，勿药有喜；用克体者，虽药无功。若体逢克而乘旺，犹为庶几。体遇克而更衰，断无存日。欲知凶中有救，生体之卦存焉。体生用者，迁延难好；用生体者，即愈。体用比和，疾病易安。若究平和之候，生体之卦决之；若详危厄之期，克体之卦定之。若论医药之属，当审生体之卦。如离卦生体，宜服热药；坎卦生体，宜服冷药。如艮温补，乾、兑凉药是也。

又有信鬼神之说，虽非易道，然不可谓易道之不该。姑以理推之。如卦有克体者，即可测其鬼神。乾卦克体，主有西北方之神，或兵刀之鬼，或天行时气，或称正之邪神。坤则西南之神，或旷野之鬼，或连亲之鬼，或水土里社之神，或犯方隅，或无主之祟。震则东方之神，或木下之神，或妖怪百端，或影响时见。巽则东南之鬼，或自缢戕生，或枷锁致命。坎则北方之鬼，或水旁之神，或没溺而亡，或血疾之鬼。离则南方之鬼，或猛勇之神，或犯灶司，或得愆于香火，或焚烧之鬼，或遇热病而亡。艮则东北之神，或是山林之祟，或山魈木客，或土怪石精。兑则西方之神，或阵亡之鬼，或废疾之鬼，或刎颈戕生之鬼。卦中无克体之卦者，不必论之。

又问："乾上坤下，占病如何断？"尧夫曰："乾上坤下，第一爻动，便是生体之义。变为震木，互见巽艮，俱是生成之义，是谓不灾，逢生之日即愈。

又曰："第二爻动如何？"曰："是变为坎水，乃泄体败金之义。金入水乡，互见巽、离，乃为风火扇炉，俱为克体之义。更看占时外应如何，即为焚尸之象，断之死无疑矣。以春夏秋冬四季推之，更见详理。"

又曰："第三爻动，坤变艮土，俱在生体之义，不问互卦，亦断其吉无疑。"

又曰："第四爻动，乾变巽木，金木俱有克体之义，互吉亦凶。木有扛尸之义，金为砖礅之推。是理必定之推，是埋尸必定之理。"

又曰："第五爻动，乾变离，反能生体，互变俱生体，是其吉无疑。更有吉兆则愈吉，凶则迟而忍死。其断明矣。"

又曰："第六爻动，乾变兑，则能泄体，互见巽、艮，一凶一吉，其病非死必危。亦宜看兆吉凶，吉则言吉，凶则言凶。此断甚明。"

余卦皆仿此断，则心易无不验矣。

官讼占第十七

占官讼，以体为主，用为对辞之人与官讼之应。体卦宜旺，用卦宜衰。体宜用生，不宜生用。用宜生体，不宜克体。是故体克用者，己胜人；用克体者，人胜己。体生用，非为失理，或因官有所丧；用生体，不止得理，或因讼有所得。体用比和，官讼最吉。非但扶持之力，必有主和之义。

坟墓占第十八

占坟墓，以体为主，用为坟墓。体克用，葬之吉；用克体，葬之凶。体生用，葬之主冷退；用生体，葬之主兴隆，有荫益后嗣。体用比和，乃为吉地，大宜安葬，葬之吉昌。

右用体之诀，始以十八章占例，以示后学之法则。然庶务之多，岂止十八占而已乎？然此十八占，乃大事之切要者，占者以类而推之可也。

三要灵应篇序

夫《易》者，性理之学也。性理，具于人心者也。当其方寸湛然，灵台皎洁，无一毫之干，无一尘之累，斯时也，性理具在而《易》存吾心，浑然是《易》也，其先天之易也。及夫虑端一起，事根忽萌，物之著心，如云之蔽空，如尘之蒙镜，斯时也，汩没茫昧，而向之《易》存吾心者，泯焉尔。故三要之妙，在于运耳、目、心三者之虚灵，俾应于事物也。耳之聪，目之明，吾心实总乎聪明。盖事根于心，心该乎事。然事之未萌也，虽鬼神莫测其端，而吉凶祸福，无门可入。故先师曰："思虑未动，鬼神未知，不由乎我，更由乎谁?"若夫事萌于心，鬼神知之矣。吉凶悔吝有其数，然吾预之知，何道与？必曰：求诸吾心易之妙而已矣。于是寂然不动，静虑诚存，观变玩占，运乎三要。必使视之不见者，吾见之；听之不闻者，吾闻之；如形之见示，如音之见告，吾之了然鉴之。则《易》之为卜筮之道，而《易》在吾心矣。三要不虚，而灵应之妙斯得也。是道也，寓至精至神之理，百姓日用而不知，安得圆通三昧者与之论此？先师刘先生，江夏人，号湛然子，得之王屋山人高处士云岩。

宝庆四年，仲夏既望，清灵子朱虚拜首序

三要灵应篇

三要者，运耳、目、心三者之要也。灵应者，灵妙而应验也。夫耳之于听，目之于视，心之于思，三者为人一身之要，而万物之理不出于视听之外。占决之际，寂闻澄虑，静观万物，而听其音，知吉凶，见其形，知善恶，察其理，知祸福，皆可为占卜之验。如谷之应声，如影之随形，灼然可见也。其理出于《周易》"远取诸物，近取诸身"之法。是编则出于先贤先师，采世俗之语为之例用之者：鬼谷子、严君平、东方朔、诸葛孔明、郭璞、管辂、李淳风、袁天罡、皇甫真人、麻衣仙、陈希夷；继而得者：邵康节、邵伯温、刘伯温、牛思晦、牛思继、高处士、刘湛然、富寿子、泰然子、朱清灵子。其年代相传不一，而不知其姓名者不与焉。

原夫天高地厚，万物散殊，阴浊阳清，五气顺布，祸福莫逃乎数，吉凶皆有其机。人为万物之灵，心乃一身之主，目寓而为形于色，耳得而为音于声。三要总之，万物备矣。

右乃天地万物之灵，而耳、目、心三者之要，故曰三要灵应也。

是以遇吉兆而顺有吉，见凶兆而不免乎凶。物之圆者事成，缺者事败。此理断然，夫复何疑？

右乃占物克应，见吉则吉，遇凶则凶。

是以云开见日，事必增辉；烟雾障空，物当失色。忽颠风而飘荡，遇震雷以虚惊。月忽当面，宜近清光；雨乍沾衣，可蒙恩泽。

右乃仰观天文，以验人事。

重山为阻隔之际，重泽为浸润之深。水流而事通，土积而事滞。石乃坚心始得，沙乃放手即开。浪激主波涛之惊，坡崩主田土之失。旱沼之旁，心力俱竭；枯林之下，相貌皆衰。

右乃俯察地理，以验人事。

适逢人品之来，实为事体之应。故荣宦显官，宜见其贵；富商大贾，可问乎财。儿童哭泣忧子孙，吏卒叫嚣忌

官讼。二男二女，重婚之义；一僧一道，独处之端。妇人
笑语，则阴喜相逢；女子牵连，则阴私见累。匠氏，主门庭
改换；宰夫，则骨肉分离。逢猎者，得野外之财；见渔者，
有水边之利。见妊妇，则事萌于内；遇瞽者，则虑根于心。

右乃人品之应，以验人事。

至于摇手而莫为，或掉头而不肯。拭目而喷嚏者方泣，
搔首而弹垢者有忧。足动者有行，交臂者有失。屈指者多
阻节，嘘气者主悲忧。舌出掉者有是非，背相向者防闪失。
偶攘臂者，争夺乃得；偶下膝者，屈抑而求。

右乃近取诸身之应。

若逢童子授书，有词讼之端；主翁笞仆，防责罚之事。
讲论经史，事体徒间于虚说；语歌词曲，谋为转见于悠扬。
见博赌，主争斗之财；遇题写，主文书之事。偶携物者，
受人提携；适挽手者，遇事牵连。

右乃人事之应。

及夫舟楫在水，凭其接引而行；车马登途，藉之负戴
而往。张弓挟矢者，必领荐；有箭无弓者，未可试。持刀
执刃，须求快利之方；披甲操戈，可断刚强之柄。缲丝者，
事务繁冗；围棋者，眼目众多。妆花刻果，终非结实之因；
画影描形，皆为妆点之类。络绎将成，可以问职；笔墨俱
在，可以求文。偶倾盖者，主退权；忽临镜者，可赴诏。
抱贵器者，有非常之用；负大木者，有不小之财。升斗宜
量料而前，尺剪可裁度以用。见蹴鞠，有人拨剔。开锁钥，
遇事疏通。逢补器，终久难坚；值磨镜，再成始得。顽斧
磨钢者，迟钝得利；快刀砍木者，利事伤财。裁衣服者，
破后方成；造瓦器者，成后乃破。奕棋者，取之以计；张

网者，摸之以空。或持斧锯恐有伤，或涤壶觞恐有饮。或挥扇者，有相招之义；或污衣者，防谋害之侵。

右乃器物之应，即远取诸物之义。

虽云草木之无情，亦于卜筮而有应。故芝兰为物之瑞，松柏为寿之坚。遇椿桧，则岁久年深；遇苗菰，则朝生暮死。占病占产，得之即死之兆。枝叶飘零当萎谢，根核流落主牵连。奇葩端的虚花，嘉果可以结实。

右乃草木之应。

至于飞走，最有祯祥。故乌鸦报灾，蟢虫报喜。鸿雁主朋友之信，蛇虺防毒害之谋。鼠啮衣，有小口之灾；雀噪檐，有远行之至。犬斗恐招盗贼，鸡斗主有喧争。牵羊者，喜庆将临；骑马者，出入皆利。猿猴攀木，身心不定；鲤鱼出水，变化不凡。绳拴马，疾病难安；架陷禽，因人未脱。

右乃禽兽之应。

酒乃忘忧之物，药乃祛病之方。故酒樽忽破，乐极生悲；良医道逢，难中有救。藤萝之类堪依倚，虎豹之象可施威。耕田锄地者，事势必翻；破竹剖竿者，事势必顺。春花秋月，虽无实而关景；夏绵冬葛，虽有用而背时。凉扇，多主弃捐；晴伞，渐逢闲废。泡影电光，虚幻难信；蛛丝蚕茧，巧计方成。

右乃杂见观物之应。

若见物形，可知字体。故石逢皮则破，人傍木为休。笠漂水畔，泣字分明；火入山林，焚形可见。三女有奸（姦）私之扰，三牛有奔（犇）走之忧。一木两火，荣（榮）耀之光；一水四鱼，鳏寡之象。人继牛倒防失脱，人言犬中忧狱因。一斗入空门者，斗（鬥）争；两丝挂白木者，乐（樂）事。一人立门，诸事有闪；二人夹木，所问必来。

右为拆字之应。

复指物名，以叶音义。如见鹿可以问禄，见蜂可以言封。梨主分离，桃主逃走。见李则问讼得理，逢冠则问名得官。鞋为百事和谐，阁为诸事可合。难以详备，在于变通。

右即物叶音之义。

及夫在我之身，实为彼事之应。故我心忧者，彼事亦忧；我心乐者，彼事亦乐。我适闲，彼当从容；我值忙，彼当窘迫。

右即自己之应，近取诸身之义。

欲究观人之道，须详系《易》之辞。将叛者，其辞惭；将疑者，其辞支。吉人之辞寡，躁人之辞多。诬善之人，其辞游；失其守者，其辞屈。

右一动一静之应，近取诸身之义。

又推五行，须详八卦。卦吉而应吉，终吉；卦凶而应凶，终凶。卦应一吉一凶，事体半吉半凶。明生克之理，察动静之机，事事相关，物物相合，此五行八卦及克应动静之理。活法更存乎方寸，玄机又在于师传。纵万象之纷纭，惟一理而融贯。务要相机而发，须要临事而详。

右言占卜之理在人变通之妙。

嗟夫！方朔射覆，知事物之隐微；诸葛马前，定吉凶于顷刻。皇甫坐端之妙，淳风鸟觉之占。虽所用之有殊，诚此理之无异。

右言三要灵应妙处。

可以契鬼神之妙，可以会蓍龟之灵。然人非三世，莫能造其玄；心非七窍，莫能悟其奥。故得其说者，宜秘；非其人者，莫传。轻泄天机，重遭阴谴。造之深，可以入道；用之久，可以通神。

右言灵应之妙，不可轻传妄授，宜秘之重之，以重斯道也。

十应奥论

十应固出于三要，而妙乎三要。但以耳目所得，如见吉兆而终须吉，若逢凶谶不免乎凶，理之自然也。然止以此而遇吉凶，亦有未然者也。黄金白银，为世之宝，三要得之，必以为祥，十应之诀，遇金有不吉者；利刃锐兵，世谓凶器，三要得之，亦以为凶，十应之说，遇兵刃反有吉者。又若占产见少男，三要得之为生子之喜，十应见少男则凶。占病遇棺，三要占之必死，十应以为有生意。例多若此，是占卜物者，不可无失应也。

十应目论

十应并以体卦为主，诸用卦为用。每以内分外体，用卦参看为妙。内卦不吉而外卦又吉，可以解其不吉；内卦吉而外卦不吉，反破其吉。若内外卦全吉，则断然吉；全凶，则断然凶。其内吉外凶、外吉内凶，又须详理以断吉凶，慎不可胶柱鼓瑟也。外卦十应之目，则有天时、地理及写字等，其十一类之应，并以体卦为主，而随其所应以为用也。

复明天时之应

如天无云翳，明朗之际，为乾之时。乾、兑为体，则
比和而吉；坎为体，则逢生而大吉。坤、艮为体，则泄气。
震、巽为体，则见克而不吉矣。晴霁日中，为离之时，坤、
兑为体则吉。雨雪为坎之时，震、巽为体则吉，离为体则
不吉。雷风为震、巽之时，离为体则吉，坤、艮为体则不
吉。此天时之应也。

复明地理之应

茂树秀竹，为震之地。离与震、巽为体则吉，坤、艮
为体则凶。江湖、河池、川泽、溪涧为坎之地，震、巽与
坎为体则吉，而离为体则不吉。窑灶之地离，坤、艮并离
为体则吉，而乾、兑为体则不吉。岩穴之地为艮，乾、兑
与艮为体则吉，坎为体则不吉。此地理之应也。

复明人事之应

人事有论卦象五行者，有不论卦象五行者。论卦象，
则老人属乾，老妇属坤，艮为少男，兑为少女之类。五行
生克、比和之理，与前天时、地理之卦同断。其不分卦象
五行者，则以人事之纷，了见杂出，有吉有凶，此应则随
其吉凶而为之兆也。又观其事，则亦为某人。此人事之
应也。

复明时令之应

时令不必论卦象，但详其令，月日值之五行衰旺之气。旺者，如寅卯月日则木旺，巳午之月日火旺，申酉之月日金旺，亥子之月日水旺，辰戌丑未之月日土旺。衰者，如木旺则土衰，土旺则水衰，水旺则火衰，火旺则金衰，金旺则木衰。是故生体之卦气，宜值时之旺气，不宜衰气。如克体卦气，则宜乘衰。此时令之应也。

复明方卦之应

即分方之卦。如离南、坎北、震东、兑西、巽东南、乾西北、艮东北、坤西南类也。论吉凶者，看来占之人在何卦位，而以用卦参详。如坎为用卦，宜在坎与震、巽之位，在离则不吉。离为用卦，宜在离与坤、艮之位，在乾、兑二位则不吉矣。盖宜在本卦之方，为用卦生之方，不宜受用卦克也。

若夫气在之卦所在之方，又当审之。如水从坎来，为坎卦气旺。水从坤、艮来，则坎之卦气衰。火从南来，为离卦气旺；如从北来，则离之卦气衰。余皆仿此。大抵本卦之方，生为旺，受克为衰。宜以体卦参之。生体卦气，宜受旺方；克体卦气，宜受克方。此方卦之应也。

又震、巽之方，不论坤、艮。坤、艮之方，不论坎。坎方不论离。离方不论乾。乾、兑之方，不论震、巽。以其寓卦受方卦之克也。

复明动物之应

动物有论卦象者。乾为马，坤为牛，震为龙，巽为鸡，坎为豕，离为雉，艮为狗，兑为羊，又螺蚌龟鳖为离之象，鱼类为坎之属。此动物之卦，以体详与。又不论卦象五行者，如乌鸦报灾，灵鹊报喜，鸿雁主有书信，蛇虫防有毒害，鸡唱为家音，马嘶为动意。此动物之应也。

复明静物之应

器物之类，有论卦象者。如水属坎，火属离，木之气属震、巽，金之气属乾、兑，土之气属坤、艮。为体卦，要参详。其不分卦象者，但观其器物之兆。如物之圆者，事成；器之缺者，事败。又详其器物是何物，如笔砚主文书之事，袍笏主官职之事，樽俎之具有宴集，枷锁之具防官灾。百端不一，审其物器。此静物之应也。

复明言语之应

闻人言语，不论卦象，但详其所言之事绪而占卜之。应闻吉语则吉，闻凶语则凶。若闻闹市言语喧集，难以决断。若定人少之处，或言语可辨其事绪，则审其所言何事，心领而意会之。如说朝廷迁选，可以求名；论江湖州郡，主出行；言争讼之事，主官司；言喜庆之事，利婚姻。事绪不一，随所闻以依之。此言语之应也。

复明声音之应

耳所闻之声音而论卦象，则雷为震，风声为巽，雨声为坎，水声为坎。鼓拍槌柝之声出于木者，皆属震、巽；钟磬铃铙之声出于金者，皆属乾、兑。此声音之论卦象。若为体，参详决之。如闻声有欢笑之声，主有喜；悲愁之声，主有忧；歌唱之声，主快乐；怒号之声，主争喧。至若物声，则乌鸦报灾，鹊声传喜，鸿雁之声主远信，鸡凫之声为佳音。此类推声音之应也。

复明五色之应

五色不论卦象，但以所见之色推五行。青、碧、绿色属木，红、紫、赤色属火，白属金，黑属水，黄属土。外应之五行，详于内卦之体用。生克、比和，吉凶可见。此五色之应也。

复明写字之应

淡中浓墨名为淬，浓墨中间薄似云。
点画误书名鬼笔，定知贼在暗中缠。
涕为流泪防丧服，定主忧惊梦里眠。
鬼笔误书防窃盗，定知方位与通传。
此写字之应验也。

遗　论

万物卦数，本由于《易》。今观此书，止用五行生克之理。十应三要之诀，例不同《易》，何也？盖未有《易》书，先有易理。《易》书作于四圣之后，易理著于四圣之先。人心皆有易理，则于《易》也，占卜无非用卦，卦即《易》也。若得《易》卦爻，观其爻辞卦以断吉凶悔吝，更为妙也，未尝不用《易》。又观寓物卦数起例之篇，止用内卦，不用外卦，何也？盖起泛泛人起卦之诀，十应为传授之诀。若观梅卦例曰：今日观梅得革，知女折花，有伤股。明日观梅得革，亦谓女子折花，可乎？占牡丹例曰：今日算牡丹为马践毁，异日算牡丹亦为马所践，可乎？是必明其理。又于地风升卦，无饮食之兆而知有人相请。此要外应诀之。

体　用

凡占卜成卦，即画成三重：本卦、互卦、变卦也。使于本卦分体用，此一体一用也。以卦五行明生克比和之理，此一用卦。最切看画卦变卦，互变亦用也。此内之体用也。又次看应卦，亦用也。此合内外之体用也。然则不止一体一用，所谓体一用百也。生克即分体用，则论生克，生体则吉，克体则凶，比和则吉，不必论矣。生体多者则愈吉，克体多者则愈凶。然此卦生体，诸卦有克此卦者，颇减其吉。此卦克体，诸卦又有克此卦者，稍解其穷。有生此卦者吉，有克此卦者凶。此体用之生克也。然卦之生克，有不论体用者。如占天时，有震则有雷，有巽则有风，逢坎则有雨，逢离则晴，此一定之理。又有不然者，如论卦中乾、兑多，则震无雷，巽亦无风，又必有此诀也，皆隐然外卦之意。如观梅有女折花，算牡丹有马践，地风升有饮食兆。此又非外应之兆不能决也。

体用类

心易寓物之用，以体为主。然人知一体一用之常，不知一体百用之变。并体之变，全卦为内卦，内亦不只一用，而互变皆用也。三要十应之卦，外卦也，外亦不一，无非用也。学寓物者，得体用以为至术，十应则罕有之，后则三要以为全术。且谓体用自体用，三要自三要，遂以体用决吉凶，以三要为吉凶之兆，孰知三要、十应、体用之致？呜呼！体用不可无三要，十应不可无体用。体用、三要、十应，理无间然也。如此者，是谓心易之全术，而可以尽占卜之道也。

又如乾、兑多则巽无风；坤、艮多则坎无雨；坎多，则离亦不晴。盖以乾、兑之金，克震、巽之木；坤、艮之土，克坎水；坎水克离火也。此又须通变而推验之。又若占饮食，有坎则有酒，有兑则有食。如遇坤、艮，则坎亦无酒，离值则兑亦无食。余皆可以类推。故举此二类，为心易生克之例耳。

此处所谓"体用、三要、十应，理无间然也"，即强调梅花易之占断必须以体用为主，并结合"三要"、"十应"，方能称得上完善。如果只有体用生克比和之理的分析，而忽视外应的观察和应用，则没有把握住梅花易之精髓。须三者相互为用、相得益彰为上。

衰旺论

既明生克，当看衰旺。旺者，如春震、巽木，夏离火，秋乾、兑金，冬坎水，四季之月坤、艮土是也。衰者，如春坤、艮，夏乾、兑，秋震、巽，冬离，四季之月坎是也。

凡占卜，体卦宜盛旺。气旺而又逢生则吉，重遇克则凶。若体衰而逢克，则其凶甚矣。体衰而有生体之卦，则衰稍解。大抵体之卦宜旺，生体之卦气亦宜旺，克体之卦气宜衰。此心易论衰旺之诀也。

内外论

凡占卜，体用为内，诸应卦为外卦，此占卜之例也。诸应卦与三要之应，与十应之应，必合内外卦而断之也。苟不知合内外卦为断，谓体用自体用，三要十应自三要十应，如此则鲜见其有验者。然十应罕有知者，如前"奥论"云"金银为世宝，三要为吉"者，若震、巽为体，则金克木，反为不吉；"兵刃为世凶，三要为凶"者，若坎为体，则金生水，反为不凶。占产见男子，谓有生子兆。设坎为体，少男为艮土，土克水，产反不吉。占疾见棺必死，若遇离体，则木生火而反吉。似此之类，则内卦不可无外卦，外卦不可无内卦。占卜之精者，无非合内外之道也。

动　静

　　凡占诀，虽明动静之机，然有理之常，有事之变。阳动而阴静，一动一静者，理之常；此静而彼动，一静百动者，事之变也。天下之事物，纷纷群动，我则以一静而待之。事物之动，各有其端，我则以一静而测之。不动不占，不因事不占。

　　占卜之际，察其群物之事，物动而凶者，兆吾卦之凶；物动而吉者，兆吾卦之吉。然于闹喧市廛之地，人物杂扰，群物满前，拈何事何物为吉？吾占卜之应乎此，又推乎理而合其事。盖于群动之中，或观其身临吾耳目之近者，或以先见者，或以群事分明者，或吾之一念所在者，此发占之所用。若求名，则于群动之中，或遇官府，或有文书及袍笏仪卫之物，则为得官之应。若求财利，则遇巨富商贾，或有钱宝货财之物，则厥为获利之应。若占讼事，而忽逢笞杖枷锁之具，则讼终不吉。占病而不见衰麻棺椁之物者，病当无恙。凡此所谓事事相关，物物相应，是以验吾占卜之切要也。

　　至若坐则应迟，行则应速，走则愈速，卧则愈迟，此则察其动之端也。吾心本静，人来占卜，起念以应之，即动也。以此动而测彼动，于此之念而求彼之验，诚而神知之。知此者，可以知动静之机矣。

　　"不动不占，不因事不占"，没有起心动念，没有事发生的时候，就不要占卦了。

向　背

凡占卜求应，必须审其向背。向者，为事物之应，相向而来。背者，谓事物之应，相背而去也。如鸦报灾，鸦飞适来，其灾将至；鸦飞而去，则灾已过去也。如鹊报喜，鹊飞适来，其喜将至；鹊飞已去，则喜已过去也。至于外应之卦皆然。其克体之卦，器物方来，其祸将至，去则祸散。其生体之卦，器物方来则吉，去则吉已过矣。其他应兆皆然。此为占卜向背至当之理矣。

静　占

凡占在静室，无所闻见，则无外卦，即不论外卦。但以全卦年月日值五行衰旺之气，以体用决之。

观物洞玄歌

洞玄歌者，洞达玄妙之说也。此歌多为占宅气而发。昔牛思晦尝入人家，知其吉凶先兆，盖此术云。是故家之兴衰，必有祯祥妖孽之谶。识者鉴之，不识者昧之。故此歌发其蕴奥，皆理之必然者，切勿以浅近目之也。

世间万事无非数，理在其中遇。

吉凶悔吝有其机，祸福可先知。

五行金木水火土，生克先为主。

青黄赤黑白五形，辨察要分明。
人家吉凶何以见，只向玄中判。
入门辨察见闻时，于此察兴衰。
若还宅气如春意，家宅生和气。
若然冷落似秋时，从此渐衰微。
自然馨香如兰室，福至无虚日。
鸡豚猫犬秽薰腥，贫病至相侵。
男妆女饰皆齐整，此去门风盛。
家人垢面与蓬头，定见有悲忧。
儿啼妇叹情怀悄，祸害道阴小。
老人无故泣双垂，不日见愁悲。
若见门前墙壁缺，家道中消歇。
溜漕水势向门流，财帛永难收。
忽然屋上生奇草，益荫人家好。
门户幽爽绝尘埃，必定出高才。
偶悬破履当门户，必有奴欺主。
长长破碎在边门，断不利家君。
遮门临井桃花艳，内有风情染。
屋前屋后有高桐，离别主人翁。
井边倘种高梨树，长有离乡土。
祠堂神主忽焚香，火厄恐相招。
檐前瓦片当门堕，诸事愁崩破。
若施破碗厕坑中，从此见贫穷。
白昼不宜灯在地，死者还相继。
公然鼠向日中来，不日资财耗。
牝鸡早晚鸣咿喔，阴盛家消索。

中堂犬吠立而啼，人眷有灾厄。

清晨鹊噪连声继，远信行人至。

蟒蛇偶尔入人家，人病见妖邪。

雀群争逐当门盛，口舌纷纷定。

偶然鹏鸟①叫当门，人口有灾逢。

入门若见有群羊，家主病瘟黄。

舟船若安在平地，虽稳成淹滞。

他家树荫过墙来，多得横来财。

阶前石砌多残折，成事多衰灭。

入门茶果应声来，中馈主家财。

三餐时候炊烟早，家道渐基好。

连宵宿火不成时，人散与财离。

千门万户难详备，理在吾心地。

斯文引路入先天，深奥入玄玄。

右《洞玄歌》与《灵应》，同出而小异。彼篇多为占卜而诀，盖占卜之际，随所出所见，以为克应之兆。此歌则不特为占卜之事，一时而入人家，有此事，必有此理。盖多寓观察之术也。然有数端，人家可得警戒而趋避之，或可转祸为福。偶不知所因而囿于数中，俾吾见之，则善恶不逃乎明鉴矣。

起卦加数例

寅年十二月初一日午时，有数家起造，俱在邻市之间。

---

①　即鸥鹙也。

有三家以此年月日时求占于先生，若同一卦，则吉凶莫辨矣。先生以各姓而加数，遂断之而皆验。盖三家求占，有田姓者，有王姓者，有韩姓者。若寅年三数、十二与一，共十六，加王姓四画，得二十数，除二八一十六，得四，震为上卦；又加午时，七数，总二十七数，除三八二十四，得三，离为下卦。二十七中除四六二十四，零三为爻，得丰变震，互见兑、巽。其田姓加以田字六画，得水风井，变升，互见离、兑；其韩姓加入二十一画之数，得益变中孚，互见艮、坤。乃以各家之姓起数，随各家之卦断之也。

不特起屋之年月日时加姓也，凡冠婚及葬事皆须加姓，然冠葬皆加一姓可矣。若婚姻，则男女大事，必加二姓可也。极北之人无姓，亦必有名，不辨其字，则数其声音。又无名，则随所寓也。

屋宅之占诀

寅年十二月初一日午时起屋者，其家田姓，其占水风井，变地风升，互见离、兑。巽木为体，用卦坎水生之，虽兑金克木，得有离火，火虽无气，终是制金。然有兑金，酉年月日，亦当有损失之忧。亥子水年月日，当有进益，或得水边之财，坎生体卦也。寅卯年当大快意，比和之气也。但家中必多口舌之聒，亦为兑也。木体近春，喜逢坎水，此居必能发旺。二十九年后，此屋当毁。盖二十九年者，全卦六卦之成数也。若非有兑在中，虽再见二十九年，屋当无恙也。

同时王姓之家起造，得雷火丰，变震，互见兑、巽。

震木为体，离为用卦。兑为体之互，克体亦切。虽得离火制兑金，亦不纯美。用火泄体之气，破耗资财。每遇火年月日，主见此事。或因妇人而有损失，家中亦多女子是非。亥子寅卯之年月，却主进益田财。盖震木为体，虽不见坎，终是利水年。生体之气，不见震、巽，亦逢寅、卯，为体卦得局之时也。凡有震有巽，此居寅卯与木之气运年月，必大得意。亦主得长子之力，变重震也。二十二年后为火所焚。

韩姓之居，得益变中孚。巽体，互见艮、坤，变兑克体。此居必有官讼，见于酉年月。后申酉年连见病患，所喜用卦，其震与巽体比和，当见寅卯年发。即此居先吉后凶。三十一年之后，遇申酉年，此居当毁。若非有兑，或有一坎，再见三十一年，此居亦无恙也。

器物占

大抵占器物，并不喜见兑卦，盖兑为毁折也。若坎为体，则见兑无伤。乾卦为体亦无害。其余卦体，逢兑不久即破。木之器物，或震、巽为体，见兑为用，必不禁耐用矣。破器之日，必申酉与卜年月日也。又畜养之物，亦不宜乾、兑克体。种植之物，乾、兑克体，必不成；如成，必被斧斤之厄。种植之物，宜见坎也。

又凡见器物，欲知其成毁，亦看卦体。无克者则久长，体逢克者则不久。视其器物之气数，可久者，以全卦之年数断之；不可久者，以月数断之；至速者，以日数断之也。

梅花易数卷之三

八卦方位之图

观梅数诀序

嗟乎，《易》岂易言哉！盖《易》之为书，至精微，至玄妙。然数者，不外乎易理也。有先天后天之殊，有叶音取音之辨，明忧虞得失之机，取互变迟速之应。数有前定，祸福难测。易理灼然可察，予求得《先天》、《玄黄》、《灵应》诸篇，外采《易》辞，曰"观梅数诀"。列图明五行生克衰旺之理，分例指避凶趋吉之道。后学君子幸鉴焉。

《易》辞曰："易有太极，是生两仪，两仪生四象，四象生八卦，八卦生万物。"邵子曰："一分为二，二分为四，四分为八也。"《说卦传》曰："易逆数也。"邵子曰："乾一、兑二、离三、震四、巽五、坎六、艮七、坤八，自乾至坤，皆得未生之卦，若逆推四时之比也。后天六十四卦仿此。"

八卦定阴阳次序

乾为父　震长男　坎中男　艮少男

坤为母　巽长女　离中女　兑少女

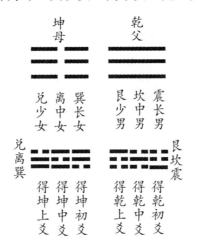

文王八卦次序图

变卦式八则

泽火革变泽山咸卦

离卦初爻阳动变阴，变艮卦。兑金为少女，离火克之。巽为股，乾金克之，曰伤股，得艮土生入兑金。断曰：不至于死。

地雷复变地泽临卦

木是用爻，断出软物，文章之体也，将出是罗经。

天泽履变乾卦

此卦断出是铁器之物，将出剃刀也。

泽火革变火雷噬嗑卦

主卦革　　　　　　互卦姤　　　　　　变卦噬嗑

此卦乃用爻木，体火，夏火得旺，能出土，必是土物也。

归妹卦变火泽睽卦

主卦归妹　　　　　互卦既济　　　　　变卦睽

用爻属木，变火体卦属金，四爻变卦成艮，土能生金，断出是铁也。

泽天夬变兑卦

主卦夬　　　　　　互卦乾　　　　　　变卦兑

此卦非金，是石，断是破磁碟也。

泽火革变艮卦

主卦革　　　互卦姤　　　变卦艮

本卦得泽火革，为少女。近物为口，远取羊。内离为中女，近目，远取雉。初爻变艮卦为土，土能生金，则扶起兑金之妹。次除去初爻，移上四爻，又成巽木，佐得伤股之灾。得初爻变艮土生兑金，是故有救而不至于死也。

近取诸身，乾头、坤腹、震足、巽股、坎耳、离目、兑口、艮手——人身；

远取诸物，乾马、坤牛、震龙、巽鸡、坎豕、离雉、艮狗、兑羊——畜道。

天水讼卦变兑卦

主卦讼　　　互卦涣　　　变卦兑

天水讼卦变兑，欲要求财。盖卦是体生，而乃泄己之气，其财空望。次得离卦属火，能克金。其日午时，客来食去酒，返自消耗也。

占卦诀

又如占卦而问吉事，则看卦中有生体之卦，则吉事应之必速。便看生体之卦，于八卦时序类决其日时。如生体是用卦，则事即成就。生体是互卦，则渐成。生体是变卦，则稍迟耳。若有生体之卦，又有克体之卦，则事有阻节，好中不足。便看克体卦气阻于几日，若乾克体阻一日、兑克体阻二日之类推之。如占吉事，无生体之卦，有克体之卦，则事不谐矣。无克体之卦，则吉事必可成就矣。

又如占不吉之事，卦中有生体之卦，则有救而无害；无生体之卦，事必不吉矣。若以日期而论，看卦中有生体之卦，则事应于生体卦气之日；有克体之卦，则事败于克体卦气之日。要在活法取用也。

体用互变之诀

大凡占卜，以体为其主，互用变皆为应卦。用最紧，互次之，变卦又次之。故曰用为占之即应，互为中间之应，变为事占之终应。然互卦则分其有体之互，有用之互。如体在上，则上互为体之互，下互为用之互；体卦在下，则下互为体之互，上互为用之互。体互最紧，用互次之。

例如观梅恒卦，互兑、乾，兑为体，互见女子折花。若乾为体互，则老人折花矣。盖兑、乾皆克体，但取兑而不取乾，此体互用之分。

大凡占卦，变卦克体，事于末后，必有不吉。变生体及比和，则事事临终有吉利。此用互变之谈也。

体用生克之诀

占卦即以卦分体用互变，即以五行之理断其吉凶。然生克之理，于内卦体用互变一定之生克。若外卦，则须明其真生真克之五行，以分轻重，则祸福立应。何也？

假如乾、兑之金为体，见火则克，然有真火之体，有火之形色。真火能克金，形色则不能克。能克则不吉，不能克则不顺而已。盖见炉中火、窑灶之火，真火也。烈焰巨炬，真火也。乾、兑为体，遇之不吉。若色之红紫，形之中虚，槁木之离，日灶之火，则火之形色，非真火之体，乾、兑之金，不为深忌。又若一盏之灯，一炬之烛，虽曰真火，微细而轻，小不利耳。又若震、巽之木体，遇金则克，然钗钏之金、金铂之金、成锭之银、杯盘之银，与器之锡、琐屑之铜铁，皆金也。此等之金，岂能克木？木之所忌者，快刀锐刃，巨斧大锯。震、巽之体，值之始有不吉。又若离火为体，见真水能克。然但见色之黑者，见体之湿者，与夫血之类，皆坎之属，终忌之而不深害也。余卦为体，所值外应，克者皆以轻重断之。

若夫生体之卦，亦当分辨。土与瓦器皆坤土，金遇之，土能生金，瓦不能生也。树木柴薪，皆木也，离火值之，柴薪生火之捷，树木之未伐者，生火之迟也。木为体，真水生木之福重，如豕如血，虽坎之属，生木之类轻也。其余五行生克，并以类而推之。

体用衰旺之诀

凡体卦宜乘旺，克体之卦宜衰。盖体卦之气，如春木、夏炎、秋金、冬水，四季之月土，此得令之卦，乘旺之气，虽有他卦克之，亦无大害。用互变卦，乘旺皆吉，但不要克体之卦气旺，而体卦气衰，是不吉之占。占者有此，若问病必死，问讼必败。若非问讼与病而常占，则防有官病之事。未临其期，在于克体卦气之月日也。若卦体旺而复有生体之卦，吉事之来，可刻期而至矣。若内卦外卦有生体者众，体卦虽衰，亦无大害也。内外并无生体，虽体之卦党多，皆是衰卦，终不吉也。故体用之卦，必须详其盛衰也。

体用动静之诀

占卦体用互变既分，必以内外之卦察其动不动。不动不占，亦不断。其吉凶悔吝，生乎动也。夫体卦为静，互卦为静，用卦变卦则动也，此内卦之动静也。以外卦言之，方应之卦，天时地理之卦，应皆静；若人事之应，器物之类，则有动者矣。器物本静，人持其器物而来，则动矣。若乾马、坤牛，皆动者矣。盖水之井沼，土之山岩石，皆静者矣。人汲水担水而前，水之动也。又人持石负土而前，土之动也。于外卦之应，观其动静而审其吉凶。动而吉者，应吉之速；动而凶者，应凶之速；不动而应者，吉凶之未见也。此则外卦体用之动静也。

若夫起卦之动静，亦以我之中静而观其动者而占之。如雀之争坠，如牛鸡之哀鸣，如槁木之坠，皆物之动者，我以静而占之也。

又若我坐则事应之迟，我行而事应之速，我立而半迟半速，此皆动静之理也。

占卜坐端之诀

坐端者，以我之所坐为中，八位列于八方，占卜决断之。须虚心待应，坐而端之，察其八卦八方应兆，以为占卜事端之应。随其方卦有生克之应者，以定所占之家吉凶也。

如乾上有土生之，或乾宫有诸吉兆，则尊长老人分上见吉庆之事。若乾上有火克之，或有凶兆，则主长上老人有忧。

坤上有火生之，或坤上有吉兆，则主母亲分上或主阴人有吉利之喜。坤宫见克，或有凶兆，则主老母阴人有灾厄。

震宫有水生之，及东方震宫有吉兆，则喜在长子长孙。见克而或见凶，则长子长孙不利。

坎宫宜见五金及有吉利之谶，则喜在中男之位。若土克，若见凶，则忧在中男矣。

离宫喜木生之，或有可喜之应，则中女有喜。若遇克或见凶，则中女有厄矣。

艮为少男之位，宜火生之，见吉则少男之喜。若遇克，或见凶，则灾及少男。问产必不育矣。

兑为少女，土宜生之，见吉则少女有喜，或有欢悦之事。

若问病，如乾卦受克，病在头；坤宫见克，病在腹；推之震足、巽股、离目、坎耳及血、艮手指、兑口齿，于其克者定见其病。

至于八端之中，有奇占巧卜者，乃在乎人。此引其端
为之例也。

占卜克应之诀

克应者，所谓克期应验也。占卜之道，无此诀，则吉
凶成败之事不知应于何时。故克应为卦之切要也。然克则
最难，有以数而克之者，有以理而克之者，皆要论也。以
数而刻期，必详其理。

如算屋宅之初创，男女之始婚，坟墓之方葬，器物之
新置，俱以此年月日时加事物之数而起卦。卦成，则于体
用互变之中，视全卦之数，以为约定之期，审其事端之迟
速而刻之。如屋宅、坟墓，永久者也。屋宅则以全卦之数
刻其期。如屋宅之终应，盖屋宅有朽坏之期也。坟墓亦有
损坏，然占墓但占吉凶，不计成败也。

男女之婚，远亦不过数年。年内之事，全卦之数可决，
又不如屋宅之久也。然婚姻亦不过卜其吉凶，不必刻其期
也。若吉凶之期，但以生体及比和之年月为吉期，克体之
年月为不吉之期也。

器物之占，则金石之质终远，草木之质终不久也。远
者，以全卦之数为年期；近者，以全卦之数为月期；又近
者，以全卦为日期也。如置砚，则全卦之数为岁。计笔墨，
亦可以全卦为岁计乎？笔墨之小者，以日计之数可也。此
器物刻期之占也。

如先天观梅与牡丹二花，俱旦夕之事，故以卦理推，
则不必决其远日也。如后天老人、少年、鸡牛之占，以方

卦物卦之数合而计之。老少、鸡牛之占，亦只可以日计也。若永远之占，则以日为月，以月为年矣。占者详吉，必又寻常之占事刻期，则于全卦中细观生体之卦为吉，应决期克体之卦为凶。应之期远，则以年，近则以月，又近则以日也。

如问求名，则乾为体，看卦中有坤、艮，则断其辰、戌、丑、未之土月日。盖乾、兑，金体也。此为吉事生体之应。若问病而乾卦为体，则看卦中有离，又看卦中无坤、艮，及有凶犯，则断其死于巳午火日，此克体为凶事之期也。又若问行人，以生体之日为归期，无生体比和之日，则归必迟。

若此例者，具难尽载，学者审焉。

万物赋

人禀阴阳，卦分先后。达时务者，近取诸身，远取诸物。观物理者，静则乎地，动则乎天。原夫万物有数，易数无穷。动静可知，不出于玄天之外。吉凶必见，莫逃乎爻象之中。

未成卦以前，必虚心而求应；既成卦以后，观刻应以为断。声音言语，傍人谶兆，当遇形影往来，我心指实皆是。及其六爻以定，三天既生，始寻卦象之端，终测刻应之理。是以逢吉兆而终知有喜，见凶谶而不免乎凶。

故欲知他人家之事，必须凭我耳目之闻见。未成卦而闻见之，乃已生之事。既定卦而观察之，乃未来之机。或闻何处喧闹，主有斗争；或听此间笑语，必逢吉庆；见妇啼叹，其家阴小有灾；吏至军来，必有官司词讼；或逢枷锁，而枷锁临身；倘遇鞭杖，而鞭杖必至。设若屠而负肉，此为骨肉有灾；倘逢血光，而又恐灾于孳畜。师巫药饵，病患临门。见诐则有犯家先，逢酒则欠神愿。阴人至则女子有厄，阳人至则男子当灾。

又须八卦中分，不可一例而论。卦吉而爻象又吉，祸患终无；卦凶而谶兆又凶，灾殃难免。披麻带孝，必然孝服临头；持杖而号，定主号泣满室。其人忧终是为忧，其人喜还须有喜。故当观色察形，以为决意断心。其或鼓乐声喧，又见酒杯器皿，若不迎婚嫁娶，定须会客宴酬。

欲知应在何日，须观爻象值数。巽五日而坤八日，离三朝而坎六朝。又观远近克应，以断的实之相期。应远，则全卦相同；应近，而各时同断。假如天地否卦，上天一而下地八；设若泽火革卦，上兑二而下离三。依此推之，万无一失。此人物之兆，察之可推也。及其鸟兽之应，仍验之有准。鹊噪而喜色已动，鸦鸣而祸事将来。牛羊猪犬，日晨不见，金日遇之，六畜有损。木日见猪，养猪必成。庚日见鸡鸣，丁日见羊过，此乃凶刃之杀。己日值马来，壬日有猪过，此皆食禄之兆。

见吉兆而百事亨通，逢凶谶而诸事阻滞。或若求财问利，须凭克应以言。柜箱为藏财之用，绳索为穿钱之物。逢金帛宝货之类，理必有成。遇刀刃剑具之器，损而无益。

又看元卦，不可执一。逢财而有财，无财而无益。凡物成器，方系得全，缺损破碎，有之不足。或问婚姻，理亦相似。物团圆，指日而成；物破损，中途阻折。此又是一家闻奥。斯理明，万事昭然。

逢柴炭主忧，折麦主悲。米必奇，豆必伤。袜与鞋，万事和谐；棋与药，与人期约。斧锯必有修造，粮储必有远行。闻禽鸣，谋事虚说；听鼓声，交易空虚。拭目润睫，内有哭泣之事；持刃见血，外有虫毒之谋。克应既明，饮食同断。见水为饮食酒汤，遇火为煎炮烤炙。见米为一饭之得，提壶为酌杯之礼。水乃鱼虾水中物味，土乃牛羊土内菜蔬。姜面为辛味辣羹，刀砧乃薰腥美味。

此三天之克应，万物之枢机。能达此者，尚其秘之。

饮食篇

夫乾之为象也，圆坚而味辛，取象乎卵，为牲之首，为马为猪，秋得之而食禄盛，夏得之而食禄衰。春为时新之物，果蔬菜之属；冬为冷物，隔宿之食。有坎乃江湖海味，有水而蔬果珍羞。

艮为土物同烹，离乃火边煎炙。秋为蟹，春为马。凡内必多肉，其味必辛，盛有瓦器，伴有金樽。其于菜也为芹，其于物也带羽。克出生回，食必鹅鸭。生出克入，野菜无名。

坤：其于坤也，远客至，故人来，所用必瓦器，所食米果之味。静则梨枣茄芋，动则鱼虾鲜羊。无骨肉脯，杀亦为腌藏，亦为肚肠。遇客必妇人，克此必主口舌。克出生回，乃牲之味；克入生物，乃杂物之烹。见乾、兑，细切薄披；见震、巽而新生旧煮。其色黑黄，其味甘甜，水火并之，蒸炊而已。四时皆为米麦之味，必带麻姜。仔细推详，必有验也。

巽之为卦，主文书柬约之间，讲论之际，外客婚姻，故人旧交。或主远信近期。其色白青，其性曲直，其味酸，其象长。桃李木瓜，斋辣素食，为鱼为鸡，其豆其面，非济执而得之，必锄掘而得之。有乾、兑，食之而致病；有坤，得之非难。炊为炒菜蔬，离为炒茶，带坎于中，酒汤共食。其无生，半斋半薰。其在艮也，会邻里，有贵人。食物不多，适口而已。其橘柚菜果蔬，斫伐之山林带节，虎狗兔鹿，渔捕网罗，米麻面麦。克人杂食，克出羊肉。克入口舌，是非阴灾，极不可食。其味甘甜，其色玄黄。

坎为水象也，水近信至海内，味香有细鳞，或四足。凡曰水簇，必可饮食也。或闻箫鼓之声，或在礼乐之所，其色黑，其味咸。克出饮酒，生回食鱼。为豕为目，为耳为血。羹汤物味，酒食水酱。遇离而说文书，逢乾而为海味。

震之为卦，木属也。酒友疏狂，虚轻怪异。大树之果，园林之蔬。其色青而味酸，其数多，会客少。或有膻臭之气，或有异香之肴。同离多主盐茶，见坎或为盐醋。

离则文书交易，亲戚师儒，坐中多礼貌之人，筵上总英才之士。其物乃煎烤炙烧，其间或茶盐。白日之夕，虽之以烛。春夏之际，凡物带花。老人莫食，心事不宁，少者宜之。宜讲论，即有益。为鸡为雉，为蟹为蛇，色赤味苦，性热而气香。逢坎而酒请有争，逢巽则炒菜而已。

兑之为卦，其属白金，其味辛而色白。或远客暴至，或近交争。凡动物刀砧，凡味必有辛辣，凡包裹腌藏。其于暴也，为芹为菱；其于菜也，为葱为韭。盛而有腥臭，旺而有羊鹅。坐间有僭越之人，或有歌娼之女。单则必然口舌，重则必然欢喜。生出多食，克出好事。

夫算其饮食，必须察其动静。故动则有，静则无。以体卦下卦为己卦，上为人卦。下为变为客，互之上为酒，下为食物。取象体之下为食何物，变为客体，下食之不终，生体下吉，互客体之不得食。他人克应亦难食。他人生，他人请。己生体生下，己请人。互受生后不计杯杓。上体受生客不计数。变生互，客有后至者；互生克，有先去者。取其日时，以互卦用矣。

观物玄妙歌诀

观物戏验者，虽云无益于世，学者以此验数，而知圣人作《易》之灵耳。物之于世，必有数焉。故天圆地方，物之形也；天玄地黄，物之色也；天动地静，物之性也；天上地下，物之位也；乾刚坤柔，物之体也。

故乾之为卦，刚而圆，贵而坚，为金为玉，为赤为圜，为大为首，为上之果物。见兑为毁折，逢坎而沉溺，见离为炼煅之金，震为有动之物，巽为木果为圆，坤、艮土中之石，得火而成器。兑为剑锋之锐，秋得而价高，夏得之而衰矣。

坤之为卦，其形直而方，其色黑而黄。为文为布，为舆为釜。其物象牛，其性恶动。得乾乃可圆可方，可贵可贱。震、巽为长器，离为文章，兑为土中出之金，艮为带刚之土石也。

震之为卦，其色玄黄而多青，为木为声，为竹为萑苇，为蕃鲜及生形。上柔下刚，是性震动而可惊。得乾乃为声价之物，得兑为无用之木，见艮山林间之石，见坎有气之类，巽为有枝叶，见离为带花。

巽之为卦，其色白，其气香。为草木，为刚为柔。见离为文书，见兑、乾为不用，乃遇金刀之物。坤、艮为草木之类，坎、兑为可食之物。为长为直，并震而春生夏长，草木之果蔬。

坎之为卦，其色黑，亦可圆可方物。为柔为腐，内则刚物。得之卑湿之所，多为水中之物。见乾亦圆，见兑亦毁。又乃污湿，得震、巽而可食。离、水火既济，假水而出，假火而成。又为滞于物，兑为带口也。震、巽为带枝叶，为带花也。

离之为卦也，其色黄而青，体燥，其性则上刚下柔。为山石之物，土瓦之类，小石于大山，为门途之处。为物见乾而刚，兑而毁折，坤而土块，巽为草之物，而震为木物类也。坎并为河岸之物，离并为瓦器，震、巽并见篱壁之物。

兑之为卦，其色白，其性少柔而多刚。为毁折而不全，带口而圆。见乾先圆后缺，见艮则金石废器，见震、巽为剥削之物，见坎为水之类。得乾而多刚，得坤而多柔。长于西泽之内，于水中之类，得柔而成器也。

诸事响应歌

混沌开辟立人极，吉凶响应尤难避。

先贤遗下预知音，皇极观梅出周易。

玄微浩瀚总无涯，各述繁言人莫记。

大抵体宜用卦生，旺相谋为终有益。
比和为吉克为凶，生用亦为凶兆矣。
问雨天晴无坎兑，亢旱言之终则是。
天时连雨问晴明，艮离贲卦响应耳。
乾明坤晦巽多风，震主雷霆定莫疑。
凡占人事体克用，诸事亨通须有幸。
比和为妙克为凶，又看其中何卦证。
乾主公门是老人，坤遇阴人曰土应。
震为东方或山林，巽亦山林蔬果品。
坎为北方并水姓，酒货鱼盐才取定。
离言文书炉冶利，亦曰南方颜色赤。
艮为东北山林材，兑曰西方喜悦是。
生体克体亦同方，编记以为诸事应。
凡问家宅体为主，旺相须知进田土。
生用须云耗散财，比和家世安居处。
克体为凶决断之，生产以体为其母。
两宜生旺不宜衰，奇偶之中察男女。
乾卦为阳坤为阴，又看来人爻内取。
阴多生女阳生男，此数分明具易理。
婚姻生用必难成，比和克用大吉利。
若问饮食用生体，必知肴馔丰厚喜。
生用克体饮食难，克用必无比和美。
坎兑为酒震为鱼，八卦推求衰旺取。
求谋称意是比和，克用谋为迟可已。
求名克用名可求，生体比和俱可取。
求财克用曰有财，生体比和俱称意。

交易生体及比和，有利必成无后虑。
出行克用用生体，所至其方多得意。
坎则乘舟离旱途，乾震动则坤艮止。
行人克用必来迟，生体比和人即至。
咸远恒迟升不回，艮阻坎险君须记。
若去谒人体克用，此和生体主相见。
兑主外见讼不亲，乾利大人长者是。
来问失物体克用，速可追寻依卦断。
相生比和终可寻，兑临残缺并井畔。
离为冶炉及南方，坤主方器凭推看。
疾病最宜体旺相，克用易安药有效。
比和凶则有救星，体卦受克为凶兆。
离宜服热坎服冷，坤土卦温补料亨。
亦把鬼神卦象推，震主娇怪为状貌。
巽为自缢并锁枷，坤艮落水及血衄。
凡占公讼用宜克，体卦旺相终得理。
比和助解最为奇，非止全仗他人力。
若问墓穴在何地，坤则平阳巽林里。
乾宜高葬艮临山，离近人烟兑兴废。
比和生体宜葬之，克用尤为大吉利。
若人临问听傍言，笑语鸡鸣亦吉美。
美物是为祥瑞推，略举片言通万类。

诸卦反对性情

乾刚坤柔反其义，比卦欢欣困忧虑。

临逢百物观求之，蒙卦难明屯不失。
大畜其卦福之生，无妄若遇祸之始。
升者去而不复回，萃者聚而终不去。
谦卦自尊豫怠人，震则动而艮则止。
兑主外遇巽内藏，随前坎后偷安矣。
剥体消烂复自生，蛊改前非而已矣。
明夷内朗又逢伤，晋主外明并通理。
益拟茂盛损象衰，咸速恒迟涣远遁。
同人内亲睽外疏，解卦从容蹇难启。
离文美丽艮光明，遁退回身姤相遇。
大有曰众丰曰多，坎卦履险震卦起。
需不进兮讼不宁，既济一定无后虑。
未济之卦男之终，归妹之辞妇之始。
否遭大往而小来，泰卦大来而小去。
革去旧故鼎从新，小畜曰寡噬嗑食。
旅羁其外大过颠，夬卦分明曰快利。
要将字字考精详，杂卦性情反对是。

占物类例

凡看物数，看其成卦，观其爻辞。如得乾，曰"潜龙勿用"，乃曰不可用之物；"见龙在田"，乃曰田中之物；"或跃在渊"，乃曰水中之物；"亢龙有悔"，乃废物也。如得坤之"直、方、大"，乃曰直而方大之器物；"括囊无咎"，乃曰包裹之物；"黄裳元吉"，乃曰黄色衣服之物，"其色玄黄"。"困为石"，乃曰石物，或逢石而破；"困于株林"，乃曰木物。又言爻辞，不言物类，而不能决者，须以八卦所属之象察之。

又诀：体用断物之妙

生克制化之妙，于诸诀中，此诀极为美验。其所诀以生体者，为可食之物；克体者，为可近人之秽物。体生者，为不成之器；体克者，为破碎损折之物；比和者，乃有用成器之物。又生体象者为贵物，克体象者为贱物，所泄为废物也。

又　诀

凡算此数，以体卦为主，看其刚柔。用卦看其有用无用。体生方圆曲直，可作可用，如用生体，乃可食。用变互卦，看其色与数目。此互卦决其物之数目也。如互见重乾、兑，决为一二之数。互见艮、坤，为七八之数也。但互卦重乾、重艮、重坤、重坎、重离之属，皆是两件。物乘旺，物数又多，衰而物少。离为中虚之物，或空手无物。又决物之数者，如互艮卦，先天七数，后天亦不出八数之外。

物数为体诀

凡算物数者，不但以体卦为体，凡卦之多者，皆可为体。如乾金多，以金为体，则多刚；坤多以土为体，多柔。乾卦，体卦乾，而用是乾，而互又是乾，固曰金为体而刚矣，便是圆健刚硬之物。非金非石，此为体矣。

观物有体互变卦，并无生旺之气者，为不入五行之物。观物观爻，如八卦中阳爻多，乃多刚之物；阴爻多，乃多柔之物。

又　诀

观物变在五六爻，多是能飞动之物。

观物看变爻为主

凡观物，以变卦为主应，用之应验也。如得乾，初爻变为巽，乃金刀削过木之物。二爻动，变为离，乃火中煅炼之金。三爻动，变为兑，乃毁折五金之器，虽圆而破处多也。

观物克应法

凡算物之成败，又看体卦克应如何。成卦未决之际，有见圆物相遇，即断是圆物。见有负土者过，即断为土中之物。见刚健之物，即言是刚健之物。见有柔腐之物，即断是柔腐之物。

观物趣时诀

凡算物，趣时察理，无有不验。以春得震、离为花，夏得震为有声之物，秋得兑为毁折成器之物，冬得坤为无用土物也。

观物用易例

有人以笼盛物者，算得地天泰之初变升，互见震、兑，曰：此必是草木类而生土中也。色青根黄，当连根之草木也。盖爻辞曰："拔茅连茹，以其汇。"乃曰：此乃干根之草木也。视之乃草木连根，新采于土中也。互震为青色，兑为黄根也。

又有以钟令覆物者，令占之，得火风鼎之雷风恒。乃曰：此有声价气势之物，虽圆而今毁缺矣，其色白而可用。盖其辞曰："鼎玉铉，大吉。"互见乾、兑，虽圆而毁也。开视之，乃玉绦环，果破矣。

万物戏念数中不可常为之

凡猜手中物，乾金为圆白之物。其色白，其性刚，为宝货之物，有气无价物。坎为黑色，性柔，近水之物。又艮为土中之物，瓦石之类，有气为成器之物，其色黄。逢兑克柔，无气，折伤之物。又巽、震为竹木，有气为有用之物，为可食之物，无气为竹木之属。遇兑之属可食，当时之果物，色青。有气柔，无气刚。震、巽遇坎为污湿物，或有气；如无气，为烂朽之木。离色赤，性柔，有水有木，而火焚之，必炭之类。有气，为价值可货之物。坤为土中之物，色黄而性温。兑为毁折之物，带口。

凡占物，以春震巽、夏离、秋乾兑、冬坎，皆当以为可用之物、成器之物。否则为无用之物。值六虚冲破，必无物而空手矣。

占卜十应诀

凡占卜，以体卦为主，用为事应，固然矣。但体卦既为主，用互变卦相应，参看祸福，然今日得此一卦，体用互变中决之如此，明日复得此卦，体用一般，岂可又复以此决之？然则若何而可？必得十应之说而后可也。

盖十应之说，有正应、互应、变应、方应、日应、刻应、外应、天时应、地理应、人事应，所谓十应也。若夫正应者，正卦之应也。互应者，互卦之应也。变应者，变卦之应也。此二卦之诀也。占者俱用之，以断吉凶矣。至于诸应之理，人有不知者，故必得诸用之诀，卦无不验。不得其诀而占卜吉凶，或验或不验矣。得此诀者，宜秘之。

正　应

正应者，即体用二卦决吉凶。

互　应

互应者，即互卦中决吉凶。

变　应

变应者，即变卦中决吉凶。

方　应

方应者，以体为主，看来占之人在何方位上，即看其所坐立之方位。宜生体卦，又宜与体比和，则吉；如克体卦则凶；如体卦生之，亦不吉矣。

日　应

日应者，以体卦为主，看所自占卦属何卦，及体卦与本日衰旺如何。盖卦宜生体，宜比和；不宜克体，亦不宜体卦生之也。本日所属卦气，如寅卯木、巳午火、申酉金、亥子水、辰戌丑末土也。

刻　应

刻应者，即三要之诀也。占卜之顷，随所闻所见吉凶之兆，以为吉凶之应。

外　应

外应者，外卦之应也。占卜之际，偶见外物之来者，即看其物属何卦。如火得离、水得坎之类，如见老人、马、金、玉、圆物，得乾，见老妇、牛、土、瓦物，得坤之类。

又如见此者，为外应之卦。并看其卦与体卦生克比和之理，以决吉凶。

天时应

天时之应，占卜之际，晴明为离，雨雪为坎，风为巽，雷为震。故离为体，宜晴。坎为体，宜雨。巽为体，宜风。震为体，宜雷。火见雷为比和，参之生克，以定吉凶。

地理应

地理之应，占卜之时，在竹林间，为震、巽之地；在江河溪涧池沼之上，为坎；在五金之处，为乾、兑之乡；在窑灶炉火之所，为离；在土瓦之所，为坤、艮。并为体卦，论生克比和之理以决之。

人事应

人事之应，即三要中人事之克应也。盖占卜之际，偶遇人事之吉为吉，偶遇人事之凶为凶。如闻笑语，主有吉庆之事；遇哭泣，主有悲愁之事。又以人事之属于卦者论之：老人为乾，老妇为坤，少男为艮，少女为兑。并看此人事之卦与体卦生克比和，以决吉凶。

右十应之理，凡占卜之际，耳闻目见以决吉凶，并以体卦为主，而详其生克比和之理。如占病症，互变中多有克体之卦，而本卦中又无生体之卦者，断不吉也。又看体衰旺，若体旺则庶几有望，体衰则无复生理。如是，又看诸应有生体者，险中有救；又有克体，则不可望安矣。其余占卜，并以类推之。

论事十大应（论日辰秘文）

一 行

问官事，属木，旺木有文书；属火，有官司；财金木，财有至。有客至问病，人火潮热，金水米浆。

二　立

官司不发，木土无金，大小口舌，病不凶。财水土，有贵人至，文书发动。

三　坐

问官司，有讼不成。主财属火，主和劝。金败财，木得财。病脚，右足犯林木神，有祸不凶。

四　卧

问官司，侧睡者，欲起必作，主阴人事。金有财，火事发破财。土水无财难就。土木有财。

五　担

官司被人自惊，与面说人成口舌。问信见水土得财。金木客至。病有犯，四肢沉重不能起。

六　券

官司不成，火有财，水土有灾，心下不安，有贵人，主口舌，不凶。

七裹头

官司立见口舌。火，大官司；水土比和，财无，小人分上，口舌呕气。病主阴人小口灾。

八 跛足

官司破财，外人欺，心下惊慌。火主破财，土不凶。病有孝至。

九 喜

官司自己无主，外人有请，劝官司。有酒肉，别人事。口舌纷纷，求财不许。不凶。

十 怒

官司主外人欺凌，不见官，主破财，倚人脱卸。火惊病凶。

卦 应

乾为天、为圜、为君父、为首、为金、为玉、为寒、为冰、为大赤、为马、为良马、为老马、为瘠马、为驳马、为木果。（《九家易》云："为龙、为直、为衣、为言。"）如姤、遁、否、履、无妄、讼、同人七卦，乾在上，刚于外。如大有、泰、大壮、夬、需、大畜、小畜七卦，乾在下，刚于内。乾坤刚柔，四发八变，惟六动随时有异，不拘于一。乾性温而刚直，偏位西北，不居子午而居戌亥。附于礼法，则为刚善，为明；不附于礼法，则为刚恶，为凶暴。

【天文】雪、老阳。

【天气】寒。

【凶盗】军、弓手、贼、强横、停尸。

【官贵】朝贵、盐司、太守、座主。

【身体】顶、面颊、顸辅。

【性情】刚健、正直、尊重、好高、战吉。

【声音】正清、商。

【信音】朝信改、召命、荐举、关升、义亲。

【事意】上卦为形象之家，下卦为强横之辈。

【疾病】手太阳脉弦紧，天威所发，上壅、目热、寒热。

【附药】丸子。

【食物】饼子之赤者、手饼、馒头、荷包、猪头脑骨头、羹、珍粉、馄饨。

【谷果】粟、栗、瓜、豆、龙眼、荔。

【禽兽】雀、鹇、鹗、鹏、鹰（余备载前）。

【衣服】赤玄色。

【器用】圆物盏、注子盘、水晶、玉环、定器、球。

【财】恩义交货、钱马之类。

【禄】壬、申。

【字】方圆形字，有头者，须旁八卦。

【策】二百一十六。

【轨】七百六十八。

坤为地、为母、为布、为釜、为腹、为吝啬、为均、为牛、为子母牛、为大舆、为文、为众、为柄。其于地也，为黑。坤上体柔，外于六卦，柔在下，柔在内。坤厚位居偏，在西南申上。附于理法则为圣贤，否则为邪荡。

【天文】雾、露、云、阴。

【地理】郡国、宫阙、城邑、墙壁。

【人物】母、妻、儒、农、僧。

【凶盗】奴婢藏在僻处。

【官贵】大臣、教官、考校文字。

【生育】女、肥厚。

【性情】顺缓不信事，顽钝无慈爱。

【声音】宫音。

【事意】迟滞、顽懦、悭吝、从容。

【疾病】手、太阴侯、腹痛、脾胃闭、脉沉伏。

【饮食】藜羹、烧熬冻物、鹅、鸭、肺、太牢饮食、饴糖。

【五味】苦、辣、甘。

【果品】取物件。

【音信】顺遂、可许为，捷应辰戌丑未月日。

【财物】束脩、抄题、僧衣、布裳。

【婚姻】富家、庄家、商家、丑拙、性吝、大腹、壮、迟钝、面黄。

【器用】轿、车、瓦器、田具、沙器。

【禽兽】牛、牝马、鸥、雀、鸦、鸽。

【字】圭、金、四、牛旁。

【禄】癸、酉。

【策】一百四十四。

【轨】六百七十一。

震为雷、为龙、为玄黄、为旉、为大涂、为长子、为足、为决躁、为苍筤竹、为萑苇。其于马也，为善鸣、为馵足、为作足、为的颡。其于稼也，为反生。其究为健、为蕃鲜。（《九家易》云："为王、为鹄、为鼓。"）春夏性严刚直，众所钦服；秋冬刚而不威，不能制物。不好闲附，性偏而偶。附于理，则为威严；否则为躁暴。体用上卦为飞，下卦为走。

【天文】雷、虹霓、电。

【地理】屋市宅、门户枋。

【方所】正东。

【人物】商旅、将帅、工匠。

【凶盗】东去、男人盗。

【官贵】监司、郡守、刑幕、巡检、法官。

【生育】长男、转动、虚惊、怪异。

【性情】始刚，故决断；急于动，故躁。

【婚姻】官宦家、技巧工、女容心神好、动静易转。

【声音】上下角、上平声、三音七声。

【信音】所许不至。

【事意】旧事重叠、有名无实。

【疾病】气积冷伤胃、四体劳倦、温冷伤食、足太阳、脉洪浮。

【宴会】酒会、玩赏、期集。

【食物】面食、包子、酒、时新之物。

【谷果】芋、小豆、稼、时新之果。

【禽兽】蜂、蝶、白鹭、鹤。

【器用】木器盘、竹器筐、算盘子、舟车、兵车、轿、器皿、瓶、盏、瓯、乐器、鼓。

【衣物】裙、腰带。

【缠带】绳、匹帛、青玄黄之绦。

【财】阴人取索、竹木钱。

【禄】甲。

【字】走、竹旁，立画偏。

【色】青、玄、黄。

【策】一百六十八。

【轨】七百四。

巽为风、为木、为长女、为绳直、为工、为白、为长、为高、为进退、为不果、为鱼、为鸡。其于人也，为寡发、为广颡、为多白眼、为股。为近利市三倍。其究为躁卦。（《九家易》云："为扬、为鹳。"）春夏有权，号令谋略；秋冬刚柔不一，与物为害。巽人也，凡事敢为，不退避。巽阴，赋性偏，附于礼法，则为权谋；否则为奸邪。

【天文】风。

【地理】林苑、园囿。

【人物】命妇、药婆、工术女。

【凶盗】奴婢商量取去、宜急来之。

【官贵】典狱、考校、干官、休究。

【身体】耳、目、胆、发、命、口、肢。

【生育】长女、胎月少、莹白。

【性情】鄙野、悭吝、艰苦、号咷。

【婚姻】命妇、宗室女、委望、进退。

【声音】角音、角仄声、三声四声上下。

【信音】召命、报捷、辟差、举状。

【事意】荐举、呈发、申审、号令、听命。

【疾病】手足厥会和之气候三十日、脉濡弱、饮食伤胃、宿酒、痞膈、为臭、水谷不化。

【药】草药。

【宴会】家筵、客不齐。

【谷果】麻、粉、茶。

【食物】长面、粉羹、脍、鸡、鱼、肠、肚、酸物。下卦为鹅、鸭。

【器用】竹木草具、绳、丝弦索、乐器。

【禽兽】鸡、鹅、鸭、鱼、善鸣之虫禽。上卦飞，下卦走。

【衣物】衣、绳、丝。

【色】青、绿、碧、白、紫色。

【财】利市喜羹、租钱、料钱。

【禄】辛。

【字】草、木、竹旁。丝，鱼、菜，舟，齿、足疾，大豆，辣。

【策】百九十二。

【轨】七百三十六。

坎为水、为沟渎、为中男、为耳、为豕、为隐伏、为矫鞣、为弓轮。其于人也，为加忧、为心病、为耳痛、为血卦、为赤。其于马也，为美脊、为亟心、为下首、为薄蹄、为曳。其于舆也，为多眚、为通、为月、为盗。其于木也，为坚多心。春夏性险，不顾危亡，为事多暴；秋冬性静，先难后易，有谋略，有胆志。坎险，维心亨内，主坎陷，赋性而居北。坎之体，为隐伏之物、水中之物。附于理法为刚，否则为险陷。

【天文】月、虹、云、霜。

【地理】海阔、水泉、沟渎、厕。

【方所】正北、丘墓中、狐兔穴中。

【人物】僧、道。

【凶盗】乘便而来，脱头露尾，易败必获。

【官贵】漕运、钱粮、漕官运属。

【身体】发、膏、血。

【生产】难产、中男、清秀。

【性情】心机阴险、智随圆委曲。

【婚姻】富家、酒家、亲家用性。

【声音】羽中上卦、羽平六声下卦。

【信音】反复犹豫、小人欺诈、佞、狡狯、盗贼、狱讼。

【疾病】足太阴之气、脉滑芤。

【附药】补肾药、或酒水下。

【食物】酒、咸物、豕、鱼、海味、中硬而核、腰子。

【谷果】麦、枣、梅、李、桃、外柔内坚、有核。

【禽兽】鹿、豕、象、豚、狐、燕、螺。

【器用】酒器、车轮、败车。

【衣物】青黑色。

【财】争讼之财和合打偏财。

【字】两头点水、全水、月、小弓之属。

【禄】戌。

【色】黑皂、白。

【策】百六十八。

【轨】七百零四。

离为火、为日、为电、为中女、为甲胄、为兵戈。其
于人也，为大腹、为目。为乾卦、为雉、为鳖、为蟹、为
蠃、为蚌、为龟。其于木也，为科上槁。（《九家易》云：
"为牝牛。正洙作牝牛。"）春夏性明，文彩有断：秋冬晦而
不明，始终不决。离，丽也。明察于心，赋性直而居正南。
附于理法，则为文明；否则为非也。

【天文】日、霞、电、晴。

【地理】殿堂、中堂、檐、厨灶。

【方所】正南。

【人物】为将帅兵戈甲之士。

【凶盗】妇人盗，从南方去。

【官贵】翰苑、教官、通判，任宜在南方。

【身体】三焦、小肠、目、心。

【生育】次女、多性燥啼哭。

【性情】聪明、见事明了。

【信音】朝信、文书、报捷、契券。

【事意】忧疑、聒拓、喧哄、性急、虚忧。

【疾病】手足二君太阳明三相火、眼病、气燥、热疾、发狂。

【禽兽】凤有文彩、鳖、螺、蚌、蟹、螯、蛤、蠃、鹑、鹤、飞鸟、牝羊。

【食物】馄饨、蟹、鳖、蚌、介虫之属、中虚物、炙煎物。

【谷果】谷实粱藕、外坚内柔之物、棘木之花叶枯枝。

【器用】灯火之具、外坚内柔之物、屏幕、帘、旗帜、戈兵、甲胄、盘、甑、瓶缴壁一应中虚之物、窑灶、炉冶、盒子、瓮、笼。

【衣物】赤红、紫色。

【财】远旧取索、意外之物。

【字】火、日旁。

【禄】巳。

【策】百九十二。

【轨】七百六十三。

艮为山、为少男、为手、为径路、为小石、为门阙、为果蓏、为阍寺、为指、为狗（《汉上》作豹、熊、虎之子。）、为鼠、为黔喙之属。其于木也，为坚多节。（《九家易》云："为鼻、为肤、为皮革、为虎、为狐。"）春夏性禀温和好善；秋冬执滞不常，为事迟缓。艮，止也。有刚有柔，艮阳赋性偏而居东偏。附于理法，为刚直；否则为顽梗。

【天文】星、烟。

【地理】山径、墙巷、丘园、门墙、阑、阍寺、宗庙。

【方所】东北方、艮门墙、寺。

【人物】阍寺仆隶、官僚、保人。

【凶盗】以下所使警迹人。

【官贵】山郡、无迁转。

【身体】手指、鼻、肋、脾、胃。

【生产】损胎、次男。

【性情】濡滞多疑、优游、内刚中软。

【声音】清上平、一音、十二音、三声。

【事意】反覆进退、去就多疑。

【疾病】手太阳、久患脾胃、股疾、脉沉伏。

【附药】湿土石药。

【宴会】常酺、宴饮、期集。

【谷果】豆、大小粟。

【食物】妆点之物、所食不一、酒浆、杂蒸之物、冻物、杂羹、有汁物、鸭、鹅、甘味。

【禽兽】牝牛、子母牛、鹄、鹘、鸦、鹊、雀、鹜、鸥、鼠。

【器用】轿、舆、犁具、兵甲器、陶冶瓦器、锅、釜、瓶、瓮、篿、伞、钱袋、磁器、踏镫、螺钿、盒子、内柔外刚之物。

【衣物】黄裳、僧衣、黑皂、彩帛、袋布。

【禄】丙。

【财】旧钱，置转货买田土，趁钱。

【字】土、牛、田旁。

【策】百六十八。

【轨】七百零四。

兑为泽、为少女、为巫、为口舌、为毁折、为附决。
其于地也，为刚卤。为妾、为羔。（《九家易》云："为常、
为辅颊。"）春夏性说好辩，秋冬好雄。兑，说也。邪言伪
行，无所不为，随波逐流。附于理法，则和顺；否则邪伎
淫滥。

【天文】雨露、春雾、细雨、夏秋重雾、冬大雪。上为
雨，下为露。

【地理】井、泉、泗泽。

【方所】西方。

【人物】先生、客人、巫匠、媒人、牙人、少女、
妾、娼。

【官贵】学官、将帅、县令、考校、乐友，赴任西方。

【凶盗】家使僮仆，藏于僻地。

【身体】口、肺、膀胱、大肠、辅颊、舌、太阳。

【生育】少女、一胎、月不足、多奇异。

【性情】喜悦、口舌、多美。

【声音】商上下，商之浊四声。

【婚姻】平常之家、少女媚悦。

【信音】喜酉丑时日至。

【事意】唇吻、口舌、谗谤、相欺、争打妇人、暗昧。

【疾病】口痛、唇齿、咽喉、危困。

【附药】剉剂。

【宴会】讲书、会友、请先生、吟赏。

【食物】包子、有口舌物、糖饼、烧饼、肝肺。

【谷果】栗、黍、枣、李、胡桃、石榴。

【禽兽】羔羊、鹿、猿、虎、豹、豺、鹭、鱼。

【器用】席、铁、铜、钱、器皿、酒盏、瓶、瓯、有口器，或损缺。

【衣物】彩。

【财】束脩、含水。

【禄】丁。

【字】家、金、钩、口旁。

【色】素白。

【策】一百九十二。

【轨】七百三十六。

　　卦象是筮占的基本依据，也是梅花易占断的基础。梅花易不仅以《周易》原有卦象为基本依据，还在其基础上加以拓展，从而使《周易》八卦卦象更趋丰富和完善，使筮占更为精确化和规范化。

梅花易数卷之四

　　夫先天者，已露之机；后天者，未成之兆也。先天，则有事，始占一事之吉凶；后天，则有所未知，而出仓猝之顷，而休咎验焉。故先天为易测，后天为难测也。先天，则有执蓍而成卦；后天，触物即有卦。此全在人心神之所用也。其能推测之精，所用之活，则无一事一物，莫逃之数矣。我居者为中，现于前者为离，现于后者为坎，出于左者为震，出于右者为兑，在我左角者为艮，在我右角者为乾，在我左前角者为巽，在我右前角者为坤，此八卦位。八方而定吉凶，立八卦而定克应，取时日而定吉凶，观变爻而定体用。故我坐，则其祸福应二卦成数之间；我立，则其祸福应于中分二卦之间。大抵坐则静，行则动，立则半动半静。静则应迟，动则应速。凡有触于我而有意，以为我之吉凶，则吉凶在我，应验在人。意者何如？盖八卦之画既定，六爻之断既明，仍余以生克之理，究以刑冲之蕴，万无一失矣。近取诸身，远取诸物，仍当以心求，不可以迹求，不可拘泥物圆为天卦，物方为地卦。是为序。

　　八卦分先天、后天，占卦也有先后天之别。事物已发生或显露出某种苗头的，用先天占卦法；后天占法，则是在对事情有所未知的情况下，根据八卦万物分类原则，随时起封，而有吉凶应验。不难看出，先天较为容易预测，后天较为困难。然运用之妙，皆存于人的心神。

指迷赋

　　尝闻相字乃前贤妙术，古今秘文，为后学之成规，辨吉凶之易见。相人不如相字，相字即相其人。变化如神，精微入圣。自古结绳为政，如今花押成数。言，心声也；字，心画也。心形如笔，笔画一成，分八卦之休囚，定五行之贵贱，决平生之祸福，知目前之吉凶。富贵贫贱，荣枯得失，皆于笔画见之。或将吉为凶，或指凶为吉。先问人之五行，次看人之笔画。相生相旺则吉，相克相泄则凶。如此观之，万无一失。为官则笔满金鱼，致富则笔如宝库。一生孤独，见于字画之欹斜；半世贫穷，乃是笔端之愚浊。非夭即贱，三山削出，皆非显达之人；四大其亡，尽是寂寥之辈。父母俱存兮，乾坤笔肥；母早亡兮，坤笔乃破；父先逝兮，乾笔乃亏。坎是田园并祖宅，稳重加官；艮为男女及兄弟，不宜损折。兑土主妻宫之巧拙，离宫主官禄之荣枯。震为长男，巽为驿马。乾离囚走，壬主竞争。震若勾尖，常招是非，妻定须离。若是圆净，禄官亦要清明。离位昏蒙，乃是剥官之杀。兑宫破碎，宜婚硬命之妻。金命相逢火笔，克陷妻儿。木命亦怕逢金，破财常有。水命不宜土笔，不见男儿。火命若见水笔，定生口舌。土命若见木笔，祖产自消。相生相旺皆吉，相克相刑定凶。举一隅自反，遇五行而相之。略说根源，以示后学。

玄黄克应歌

　　玄者，天也；黄者，地也。应者，克应之期也；天地造化，克应之谓也。其歌曰：

　　凡是挥毫落楮时，便将凶吉此中推。
　　忽听傍语如何说，便把斯言究隐微。
　　倘是欢言多吉庆，若闻愁语见伤悲。
　　听得鹊声云有喜，偶逢鸦叫祸无移。
　　带花带酒忧还退，遇醮逢醴事转迷。
　　更看来人何服色，五行深处说根基。
　　有人抱得婴儿至，好把阴阳两字推。
　　男人抱子占儿女，妇人抱子问熊罴。
　　一女一子成好事，群阴相挽是仍非。
　　若见女人携女子，阴私连累主官非。
　　忽然写字宽衣带，诸事从今可解围。
　　跛子瞽人持杖至，所谋蹇滞不能为。
　　竹杖麻鞋防孝服，权衡柄印主操持。
　　见果断之能结果，逢衣须说问良医。
　　若见丹青神鬼像，断他神鬼事相随。
　　若画翎毛花果类，必然妆点事须知。
　　有时击磬敲椎响，定有佳音早晚期。
　　寺观铃铙钟鼓类，要知仙佛与禳祈。
　　倘是携来鱼雁物，友朋音信写相思。
　　逢梅可说娣媒动，见李公私理不亏。
　　见肉定须忧骨肉，见梨只怕有分离。

仕宦官员俄顷至，贵人相遇不移时。

出笔拔毫通远信，笔头落地事皆迟。

墨断须防田土散，财空写砚忽干池。

犬吠如号忧哭泣，猫呼哀绝有人欺。

贼盗将临休见鼠，喜人摧动爱闻鸡。

马嘶必定有人至，鹊噪还应远客归。

字是朱书忧血疾，不然火厄有忧危。

楼上不宜书火字，木边书古有枯枝。

朱书更向炉边写，荧惑为灾信有之。

破器偶来添砚水，切忧财耗物空虚。

笔下忽然来蟢子，分明吉庆喜无疑。

若在右边须弄瓦，左边必定产男儿。

叶上写来多怨望，花间书字色情迷。

果树边旁能结果，竹间阻节事迟疑。

晴宜书日雨宜水，夏火秋金总是时。

更审事情分向背，玄黄克应细详推。

　　此歌诀点明了古人测字、相字的根据和方法论原则。根据天人合一的学说，阴阳感应，天地氤氲，人与天地万物本为一体，相互间有微妙的感应。所谓"言，心声也；字，心画也"，如果说言为心声，而文字则是心灵的图画。一个人在某时某刻所写的某一个字，其上面便集结着他有关的信息。根据阴阳五行八卦的原理仔细分辨所测的字，从而可以了解、预见其人的人生吉凶。

玄黄叙

龟形未判，此为太古之淳风；鸟迹既分，爰识当时之制字。虽具存于简牍，当深究其源流。成其始者，信不徒然。即其终之，岂无奥义？宝田曰富，分贝为贫。两木相并以成林，每水东归是为海。虽纷纷而莫述，即一一而可知。不惟徒羡于简编，亦可预占乎休咎。春蛇秋蚓，无非归笔下之功；白虎青龙，皆不离毫端之运。今生好癖，博学博文。少年与笔砚相亲，半世与诗书为侣。识鱼鲁之舛，穷亥豕之讹。别贤愚之字，昭然于毫端；察祸福之机，了然于心目。鲜而当理，敢学说字之荆公；挟以动人，未逊后来之谢石。得失何劳于龟卜，依违须决于狐疑。岂徒笔下以推尊，亦至梦中而讲究。刀悬梁上，后操刺史之权；松出腹间，果至三公之位。皆前人之已验，非后学之私言。洞察其阴阳，深明乎爻象，则吉凶悔吝可知矣。

玄黄歌

大抵画乃由心出，以诚剖决要分明。
出笔发毫逢定位，笔头若出干无成。
墨断定知田土散，纸破须防不正人。
犬吠一声防哭泣，鼠来又忌贼来侵。
赤朱写字血光动，叶上书来有怨盟。
忽见鸡鸣知可喜，人惊梦觉事通灵。
马嘶必有行人至，猫过须防不正人。

船上不宜书火字，楼头亦忌有官刑。

有时戏在炉中写，遇火焚烧忽不宁。

破器莫教添砚水，定知财散更伶仃。

笔下偶然蝇蟢至，分明六甲动阴人。

在左定生男子兆，右至当为添女人。

曾见人家轻薄辈，口中含饭问灾迍。

直饶目下千般喜，也问刑徒法里寻。

花下写来为色欲，女人情意喜相亲。

花开花落寻灾福，刻应之时勿目盲。

麒麟凤凰为吉兆，猪羊牛马是凡形。

此际真搜玄妙理，其中然后有分明。

应验止须勤记取，灾祥议论觉风生。

花押赋

夫押字者，人之心印也。古人以结绳为证，今人以押字为名。大凡穷通之理，皆与阴阳相应。先观五行之衰旺，次察六神之强胜。五行者，立木、卧土、勾金、点火、曲水之象；六神者，青龙、朱雀、螣蛇、玄武、勾陈、白虎之形。上大阔方，火乃发用；坚瘦有兮，木乃生荣。金要方，水要圆，土要肥而木要正。故曰：炎炎火旺，玉堂拜相。洋洋水秀，金阙朝元。木盛兮，仁全义广；金旺兮，性急心刚。土薄而离巢破祖，土厚而福禄绵绵。故曰：少木多①，根根折挫；金少火多，两窟三窝。金斜而定然子

---

① 此处疑脱一"土"字。

少，木曲而中不财丰。盖画长兮，象天居上。土卧厚兮，象地居下。内木停兮，象人在于中央。三才全兮，如身居其大厦。无天有地兮，父早刑。有天无地兮，母先化。有木孤兮，昆弟难倚。天失兮，故基已罢。内实外虚兮，虽才高无成。外实内虚矣，终富贵而显赫。龙蟠古字，必有将相之权。不正偏斜，定是孤穷之客。螣蛇缠体，飘流万里之程。玄武克身，妨妻害子。身之土透天，常违父母之言，而有失兄弟之礼。只将正印按五行，仔细推详。大小吉凶，搜六神而无不验矣。

探玄赋

且夫天字者，乃乾健也，君子体之；地字者，乃坤顺也，庶人宜之。君子书天，得其理也；庶人书地，亦合宜也。夏木春花，此乃敷荣之日；冬梅秋菊，正是开发之时。一有背违，宁无困顿？日字要看停午，月来须问上弦。假如风雨，要逢长旺之时；若是雪霜，莫写炎蒸之候。牡丹芍药，只是虚花；野杏山桃，皆为结实。森森松柏，终为梁栋之材；郁郁蓬蒿，不过园篱之物。书来风竹，判以清虚；写到桑蚕，归于饱暖。锣鸣炮响，可言声势之家；波滚船行，俱作飘流之士。鱼龙上达，犬豕下流。泉石烟霞，自是清贫之士；轩窗台榭，难言暗昧之徒。河海江山，所为广大；涧溪沼沚，作事卑微。灯烛书于夜间，自然耀彩；月星写于日午，定是埋光。椒桂芝兰，岂出常人之口？桑麻禾麦，决非上达之人。黄白绿青红，许以相逢艳冶；宫商角徵羽，言他会遇知音。剑戟戈矛，终归武士；琴书笔

砚，乃是文人。问贱与贫，因见自谦之德；书富乃贵，已
萌妄想之心。金玉珍珠，不过守财之辈；荣华显达，欲寻
及第之方。恩情欢爱，既出笔端；淫荡痴迷，常眠花下。
酒浆脍炙，哺啜者必常书之；福寿康宁，老大者多应写此。
且如龙蟠虎踞，宁无变化之时？凤翥鸾翔，终有飞腾之日。
体如鹭立，孤贫之士无疑；势如鸦飞，饶舌之徒可测。惊
蛇失道，只寻入穴之谋；舞鹤离巢，自有冲霄之志。急如
鹊跳，是子轻浮；缓似鹅行，斯人稳重。如簋翁郁，休言
豁达心怀；似水飘流，未免萧条家道。或若炎炎之火，或
如点点之云。一生喜怒无常，终身成败不保。风摇嫩竹，
早年卓立难成；雨洗桃花，晚岁羁栖无倚。为人潇洒，乃
如千树之江梅；赋性温柔，何异数株之岩柳。烟萝系树，
卓立全倚于他人；霜叶辞柯，飘零不由自己。画似棱棱之
枯木，孤苦伶仃；形如泛泛之浮萍，贫穷漂泊。无异巉岩
之怪石，巇险营生；有如耸拔之奇峰，孤高处世。金绳铁
索，此非岩谷之幽人；玉树瑶琴，定是邦家之良佐。乱丝
缠结，定知公事牵连；利刃交加，即是私家格角。撇如罗
带，际遇阴人；捺似拖钩，刑伤及己。勾似锦靴，遭逢官
贵；画成横枕，疾病临身。切忌横冲半断，不保荣身；仍
嫌直落中枯，难言高寿。剔成新月，出门便见光辉；点作
星飞，守旧宁无晦滞。至若挥毫带煞，秉生死之重权；落
纸无成，作奔趋之贱役。起腾腾之秀气，主有文章；生凛
凛之寒光，宁无声价？半浓半淡，作事多乖；倚东倚西，
撑持不暇。字短则沉沦不显，字长则潦倒无成。拾后拈前，
所为险阻；忘前顿后，举动趑趄。且如偃仰，遇庶人则成
号泣，君子必定飞腾；若是拘挛，逢君子乃是刑囚，庶人

必能勤苦。造其理也，即此推之。余向遇异人，曾授《玄黄》诸篇。今遇异翁授此，赋毕问之曰："愿得公之名姓。"公不答而去。

齐景至理论

天下之妙，无过一理。理既能明，在乎明学。学者穷究，莫难乎性。性既明达，其理昭然。且苍颉始制之时，观迹成象，以之运用，应变随机。且释老梵经，王勃佛记，迨乎今飞轮宝藏之内，既深且密，非高士莫得而闻。何由睹之？其汉高有荥阳之围，以木生火，终不能灭。有人梦腹上生松，丝悬山下，后为幽州刺史。松为十八公，不十为卒。《春秋》说"十四心为德"，《国志》云"口在天为吴"。《晋书》：黄头小人为恭，以人负吉为造。八女之解安禄山，两角女子绿衣裳。端坐太行邀君主，一止之月能灭亡。正月也。郭璞云："永昌有昌之象。"其后昌隆。罗，四维也。其偶如此。且人禀阴阳造化，凭五行妙思，一言一语，一动一静，然后挥毫落楮，点画勾拔，岂不从于善恶？得之于心，悬之于手，心正则笔正，心乱则笔乱。笔正则万物咸安，笔乱则千灾竞起。由是考之，其来有自。达者，以理晓；昧者，以字拘。难莫难于立意，贵于言辞。立意须在一门，言词务在心中。

余幼亲师友，温故知新，志在进取场屋，为祖宗之光。遂乃屈身假道，每以诗酒自娱。渡江乘兴，偶信卜于岩谷。观溪山之清流，闻禽鸟之好音，殆非人世。忽见一人道貌古怪，披头跣足，踞坐磻石之上。余由是坐之于侧，良久交谈之际，询余曰："子非齐景乎？"予惊讶。预知姓名，疑其必异人也，遂答之曰："然。"异人曰："混沌即判，苍颉制字者，余也。自传书契于天下，天下大定。后登天为东华帝君。今居于此，乃东华洞天。余曾有奇篇，昔付谢石，今当付汝。今子之来，可熟记速去。不然，尘世更矣。"于是拜而受之，退而观其奥妙，乃《玄黄》妙诀神机。解字之文，得其方妙，如谷之应声，善恶悉见，祸福显然，定死生于先知，决狐疑于预见，后之学者幸珍重之。

字画经验

敷字：昔在任宰，请拆之，云：此字十日内放笔。果以十日罢任。

家字：凡人书此，家宅不宁。空字头，豕应在亥月者也。

荆字：艹而刑，不利小人，大宜君子。

砚字：有一字天，出之乱尔，见明之兆。

典字：曲折多，四七日有兴进之兆。贵人必加官进禄，雅宜便，四十日有进纳之喜。

果字：凡事善果披剃，盖口中无才，又云进小口。

马字：昔有马雅官，写马字无点，马无足不可动。

来字：来带两人之木，皆来见信，行人未应，三人同来，财午未年发。

葵字：逢春发生，又占名利，逢癸可发，占病不宜，廿日有惊恐之兆。

但字：如日初升，常人主孤，凡事未如意，十日身坦然。

谦字：故人嫌，盖无廉耻，目下有事，多是非。

亨字：高未高，了未了，须防小人不足及外孝，不祥。

达（達）字：二十日未达，即日并不顺，少喜多忧。

奇字：占婚奇偶未谐，应十日难，为兄弟事不全。

俊字：一住一利，交友难为。父兄反覆，文书千连变易。凶。

常字：占病，堂上人灾，有异姓异母。上有堂字头，下有哭字头。

每字：昔曹石遣人相此字，异日必为人母。后果然。

城字：逢丁戊日，六神动。忌丁戊日，田土不足，进力成功。

池字：凡事拖延有日，逢蛇必利，盖添虫为蛇。

春字：宋高宗写此字时，秦桧用事。相者云：秦头太重，压日无光。桧闻言召而遣之。

一字：土字一字，王也。

益字：有吏人书益字，廿八日有血光之厄。至期果然。

田字：有人出此，相言：直看是王，横看是王，必主大贵。

字体诗诀

天字及二人，作事必有因。一天能庇盖，初主好安身。

地字如多理，从此出他乡。心如蛇口毒，去就尽无妨。

人字无凶祸，文书有人来。主人自卓立，凡事保和谐。

金字得人力，屋下有多财。小人多不足，凡事要安排。

木字人未到，初生六害临。未年财禄好，切莫要休心。

水字可求望，中妨有是非。文书中有救，出入总相宜。

火字小人相，中人发大财。灾忧相见遇，日下有人来。

土字日下旺，田财尽见之。穿心多不足，骨肉主分离。

东字正好动，凡事早求人。牵连须有事，财禄自交欣。

西字宜迁改，为事忌恶人。心情虽洒落，百事懒栖身。

南字穿心重，还教骨肉轻。凡事却有幸，田土不安宁。

北字本比和，不宜分彼此。欲休尚未休，问病必见死。

身字主己事，侧伴更添弓。常藉人举荐，仍欣财禄丰。

心字无非大，秋初阴小灾。小人多不足，夏见必灾来。

头来须鄙衰，发可却近贵。要过子丑前，凡事皆顺利。

病来如何疾，木命最非宜。过了丙丁日，方知定不危。

言字如何拆？人来有信音。平生多计较，喜吉事应临。

行字问出入，须知未可行。不如姑少待，方免有灾惊。

到字若来推，出入尚颠倒。虽然吉未成，却于财上好。

得来问日下，宁免带勾陈。凡事未分付，行人信不真。

开字无分付，营谋尚未安。欲开开不得，进退两皆难。

附字问行人，行人犹在路。为事却无凶，更喜有分付。

事字事难了，更又带勾陈。手脚仍多犯，月中方可人。

卜方求测事，停笔好推详。上下俱不足，所为宜不祥。

望字逢寅日，所谋应可成。主须不正当，却喜有功名。

福字来求测，须防不足来。相连祸逼迫，一口又兴灾。

禄字无祖产，当知有五成。小人生不足，小口有灾惊。

贵字多近贵，六六发田财。出入须无阻，宜防失落灾。

用字主财用，有事必经州。谁识阴人事，姓王又姓周。

康字未康泰，要防阴小灾。所为多不逮，财禄亦难来。

宁字占家宅，家和人口增。财于中主发，目下尚伶仃。
吉字来占问，反教吉又凶。因缘犹未就，作事每无终。
宜字事且且，须知在目前。官非便了当，家下亦安然。
似字众人事，所为应不成。独嫌人力短，从众则堪行。
多字宜迁动，死中还得生。事成人侈靡，两日过方明。
古字多还吉，难逃刑克灾。虽然似喜吉，口舌却终来。
洪宜人共活，火命根基别。事还牵制多，应是离祖业。
香字忌暗箭，木上是非来。十八二十八，好看音信回。
清字贵人顺，财来蓄积盈。阴人是非事，不净更多年。
虚惟头似虎，未免有虚惊。凡事亦可虑，仍妨家不宁。
远字事多达，行人有信音。为事既皆遂，喜吉又来临。
同字如难测，商量亦未然。两旬事方足，尚恐不周圆。
众字人共事，亦多生是非。所为应不敛，小口有灾危。
飞字须可喜，反覆亦多非。意有飞腾象，求名事即宜。
秀字多不实，无事亦孤刑。五五加一岁，还生事不宁。
风字事无宁，逢秋愈不吉。疾多风癣攻，更防辰戌日。
天字已成夭，亦多吞噬心。事皆蒙庇盖，行主二人临。
元字二十日，所为应有成。平生刑克重，兀兀不安宁。
秋字秋方吉，小人多是非。须知和气散，目下不为宜。
申字是非长，道理亦有破。终然屈不伸，谋事难为祸。
甲字利姓黄，求名黄甲宜。只恐田土上，还惹是和非。
川字如来问，当知有重灾。仍防三十日，不足事还来。
墟字若问事，虎头蛇尾惊。有人为遮盖，田土不安宁。
辰字如写成，主有变化象。进退虽两难，功名却可望。
青字事未顺，须知不静多。贵人仍不足，日久始安和。
三字多迁改，为事亦无主。当知二生三，本由一生二。

人如来问测，分字亦安让。凡事多费解，仍防公扰忧。
字须有学识，初主似空虚。家下不了事，名因女子中。
士为大夫体，末免犯穿心。括括是非散，番多吉事临。

四季水笔

春水昏浊。夏水枯涸。秋水澄清。冬水凝结。

水为财，忌居乾、兑、坎。乛、乙、乛、勹、点不为
杀，必为贵人。

画有阴阳

长中有短为阳中阴，短中有长为阴中阳。粗细轻重，
以此为例。阳中有阴则佳，阴中有阳反凶。壬字头画，是
阳中有阴。任字头画，是阴中有阳。水笔不流，流则不佳。
戴流珠，名暎星，小人囚系。取福下至上一三，取祸上至
下一三。

八卦断

乾宫笔法如鸡脚，父母初年早见伤。
若不早年离侍下，也须抱疾及为凶。
坤宫属母看荣华，切忌勾陈杀带斜。
一点定分荣禄位，一生富贵最堪夸。
艮位排来兄弟宫，勾陈位笔性他凶。
纵然不克并州破，也主商参吴楚中。

巽宫带口子难逢，见子须知有克刑。

饶君五个与三个，未免难为一个成。

震位东方一位间，要他笔正莫凋残。

若逢枯断须沾疾，腰脚交他不得安。

离是南方火位居，看他一点定荣枯。

若还圆净荣官禄，燥火炎炎定不愚。

坎为财帛定卦位，水星笔横占他方。

若见笔尖无大小，根基至老主荣昌。

兑位西方太白间，只宜正直莫凋残。

若然坑陷并尖缺，妻子骄奢保守难。

　　梅花易拆字，是将每个汉字的四边四角与后天八卦方位相对应，即以一个字的上为离，下为坎，左为震，右为兑，左上角为巽，左下角为艮，右上角为坤，右下角为乾。

相字心易

　　凡写两字，止看一字，盖字多必乱。若谋事之类，亦必移时方可再看。

辨字式

　　富人字，多稳重，无枯淡。贵人字，多清奇，长画肥大。贫人之字，多枯淡，无精神。贱人字，多散乱，带空亡。百工字，多跳跃。商（人）字，多远迩。男子字，多开阔。妇人字，多逼侧。余皆浓淡、肥瘦、斜正分明之类断之。

笔法筌蹄

凡书字法，有浓淡、肥瘦、长短、阔狭、反覆、顺逆、曲直、高低、小大、软硬、开合、清浊、虚实、凹凸、平正、斜侧、圆满、直牵、明白、轻快、稳重、跳跃、勾挽、破碎、枯槁、尖削、倒乱、鹘突、孤露、交加、肥满、尖瘦、刚建、精神、艳冶、气势、衰弱、小巧、软满、老硬、骨棱、草率、开阖之分，各有一体，难以尽述。学者变化，知机其神。

歌曰：

笔画稳重，衣食丰隆。

笔画平直，丰衣足食。

笔画端正，衣禄铁定。

笔画分明，决定前程。

笔画圆净，富贵双并。

笔画肥浓，富贵无穷。

笔画洁净，功名可决。

笔画轻快，诸事通泰。

笔画刚健，力量识见。

笔画精神，必有声名。

笔画光发，荣显通达。

笔画气势，慷慨意志。

笔画宽洪，逞英逞雄。

笔画尖小，其人必了。

笔画如线，有识有见。

笔画似绳，一世平宁。

笔画挑剔，好巧衣食。

笔画乌梅，面相恢恢。

笔画懒淡，兄弟离散。

笔画分扫，破家必早。

笔画弯曲，奸巧百出。

笔画迭荡，一生浮浪。

笔画枯槁，财物虚耗。

笔画糊涂，愚蠢无谋。

笔画粘滞，是非招怪。

笔画大小，有歉有好。

笔画高低，说是说非。

笔画淡泊，疮痍克剥。

笔画反覆，心常不定。

笔画破淬，家事常退。

笔画攲斜，飘泊生涯。

笔画恶浊，无知无学。

笔画如蛇，常不在宅。

笔画偏侧，衣食断隔。

笔似鼓槌，至老寒微。

笔势如针，此人毒心。

笔势勾斜，官事交加。

笔势如钩，害人不休。

笔势散乱，财谷绝断。

笔格常奇，诀以别之。

奴　婢

恰似霜天一叶飞，画如木檐两头垂。
画轻点重君须记，画定前趋后拥儿。

阴　人

阴人下笔意如何，只为多羞胆气虚。
起处恰如争嘴样，却来下笔定徐徐。

隔　手

隔手书来仔细详，见他纸墨字光芒。
更看体骨苏黄格，淡有精神是贵郎。

视　势

　　每遇人写来，必别是何字。如"天"字，乃是"夫"字及"失"字基址，女人写妨夫，男子写有失。

象　人

　　凡字必别是何人写，亦象人而言。如"天"字，秀才问科第，今年尚未，当勉力读书，来年有望及第；官员求官，亦未，宜勉力政事，主来年得人举荐受恩；若庶人占之，病未安，用巫方愈；讼者未了，主费力，必被官劾断之。

"天"加直成"未"，再加点成"来"。"来"、"力"成其"刺"。

有所喜

如问财，见"金"、"宝"偏旁及"禾"、"斗"之类，决好。

有所忌

如问病，见土木，及问讼见"血"、"井"字，皆凶。

有所闻

如问病，忌闻悲泣声。占财不宜破碎声。

有所见

如"立"字见雨下，或水声，则成"泣"字。又如"言"字，见"犬"成"狱"字，问病讼皆忌之。

以时而言

如草木字，春夏则生旺有财，秋冬则衰替多灾。风云气候之类亦然。

以卦而断

如"震"字，春则得时，冬则无气，皆以其卦言之。

以禽兽而断

如"牛"字，则为人劳苦。春夏劳苦，秋冬安逸。

取类而言

如"楼（樓）"字，笔画多，不可分解。以楼取义，乃重屋也。"重屋"拆开，乃"千里尸至"，问字人必有人死在外，尸至之事。

以次而言

如字先写笔画，喜则言吉，次则言凶，又次则言半凶半吉。以次加减，亦察人之气也。

当添亦添

且如官员写"尹"字，乃"君"字首，断其人必见上位，定不禄而还，以"君"无"口"故也。如书"君"字，乃是"郡"旁，其人当得郡。

当减亦减

如"树（樹）"字，中有"吉"字，写得好者，则减去两边，只是曰吉。

笔画长短

如"吉"字，上作"士"字，终作士人。如作"土"字，乃"口"在下，问病必久。若身命属木，自身无妨。屋下木土生，不过十日必亡。

如"常"字，上作"小"字，只是主家内小口灾，略不为大害。若上草作"小"，如此写，乃是"灾"字头，中是"门"字，下是"吊"字，主其人大灾患临头，吊客入门，大凶。然亦须仔细，仍观人之气色。象人而言，如土人，气色黑恶，其人必退，若土命者，必死，俱不过十日。

偏旁侵客

如"宀"字，乃家头。如"宀"（残缺）写，乃是破家宅，无其家，必退。如此"山"写，必兴门户。乃是"山"字形。如"山"有缺笔，乃是悬针之山，必大凶也。

字画指迷

如"人"字，正人作贵相，睡人作病疾，立人旁托人，

双人旁动人，其人逆多顺少。从作两人相从，众作群党生
事。坐人作阻隔，更作闲人。如"申"字，作破田煞，常
人不辨破田之说，用事重成之义也。

　　如"田"字，藏器待时，头足有所争，争而有所私，
忌田产不宁。如"彐"字作横山，取之衣禄渐明矣。又作
日间防破。如"黄"字，作廿一后，方得萌芽；又作廿一
用，可喜也。又云：上有一堆草，中有一条梁，撑杀由八
郎。如"言"字，有谋有信，取之如草之作木，取之心不
定也。如"心"字，三点连珠，一钩新月，皆清奇之象。
或竖心性情，作小人之状。近身作十字，作穿心六害，取
凡百孤独。如"寸"字，亦心也。一寸乃十分，为人有十
分之望，谋望有分付也，又作一十取之。如"辛"字，乃
六七日内见，立用于求远；作六十一日，或云有辛相成也。

问婚姻

　　凡字写得相粘者，可成。又字画直落成双者，可成。
字中间阔而不粘，及直横成双者，偏旁长短者，不成。

　　凡写字得脚匀齐者，皆就字。四齐者，尤吉字。上短
下长者，日久方成字。乾上有破，父不从。坤宫破，母不
从。左边长者，男家顺，女家不肯。右边长者，女家顺，
男家未然。

官　事

　　或见文字，或字脚一"丿"一"乁"破碎，断有杖责。

或见"牛"字，有牢狱之忧，主人大失。或"木"笔开口者，亦有杖责。字画散乱者，易了。或有"丿"、"乀"长者耸者，亦有杖刑。或见杖竹之类，亦有打兆。

火命人写"水"字来问，必有官灾。或字有草头者，说草头姓，得力之类。

疾 病

金笔多，心肺痰，脏腑疾。西方金神为衬。

木笔多，心气疾，手足灾。木神林坛为祟。

水笔多，泻痢吐呕之症。水鬼为凶。

火笔潮热，伤寒时行，火鬼为怪。又云：四肢疼，时气疾病；火笔多者，病不死。

土笔多，脾胃兼疮疾，客云，伏尸鬼，疼痛之疾。土笔多者，病死字，凡有丧字、虎字头，或两口字者，皆难救。

六 甲

字凡有"喜"字、"吉"字体者，皆吉。字凡带白虎，难产，子必死。写得粘者，易产。字画纤断者，主有惊险。字有螣蛇笔者，主虚惊。字画直落成双者，阴喜；成单者，男喜。

求　谋

凡字写得中间阔者，所谋无成。谋字写得相粘者，二十四五前成，盖有隔字体故也。求字来问者，木命人吉，土人不利。

行人远信

如"行"字写得脚短、一般齐者，人便至。字脚或不齐，行人皆不至。字画直落点多者，其人必陷身。字画少者，人便至。乃详字体格范。

官　贵

凡字有二数，一点当先者，无阻，事济。所写之字相粘伶俐者，贵人顺。点多者，事不成。

失　物

凡字有"失"字体，及字中，皆难觅。朱雀动，有口舌，日久难寻。金笔多，艮土有破，五金之物宜速寻。土笔多，坎上有破碎之物，在北方古井，或窑边及坑坎之所，瓦器覆藏，五日见。坤上有一钩者，乃奴婢偷去，不可取得。兑上不足，乃妻妾为脚，带金人将去。离上一画不完者，乃南方火命人将去见官方，失物仍在。

问 寿

字画写得长而瘦者，寿耐久；如肥壮者，耐老；若短促者，无寿。

功 名

字有贵人头者，有功名。字金笔多而端正，及木笔轻而长者，皆贵。

行 人

"人"字潦倒，未动。写得"人"字起者，已动。人以"来"字问者，未至。"行"字问者，且待。凡字中有"言"字者，有信至，人未至也。

反 体

"喜"字来问者，未可言喜，有舌字脚也。有以"庆（慶）"字来问者，未可言庆，有"忧（憂）"字脚也。"星"字来问者，日在上，星辰不见，问病必凶。

大凡文人不可写"武"字，武人不可写"文"字，阴人不可写"阳"字，阳人不可写"阴"字。皆反常故也。

六神笔法

"八"：青龙木。 "乂"：朱雀火。 "勹"：勾陈土。
"𝄐"：螣蛇（无正位）。"几"：白虎金。"厶"：玄武水。

蚕头燕额是青龙，两笔交加朱雀凶。

玄武怕他枯笔断，勾陈回笔怕乾宫。

螣蛇草笔重重带，白虎原来坤位逢。

此是六神真数诀，前将断语未流通。

六神主事

青龙主喜事，白虎主丧灾，朱雀主官司，勾陈主留连，螣蛇主妖怪，玄武主盗贼。六神都静，万事咸安。莫交一动之时，家长须忧不测。若非财散，必主刑囚狱讼。

青龙形式

乁、丿——青龙要停匀，百事皆吉。

青龙笔动喜还生，谋用营求事事通。

人口增添财禄厚，主人日下尽亨通。

朱雀形式

乂——朱雀临身文书动，主失财，有口舌，生横事。忌惹人，有忧惊之事。

朱雀交加口舌多，令人家内不安和。

若逢水命方无怪，他命逢时有怨疴。

勾陈形式

勹——勾陈主惊忧、迟滞。忌土田。是非未决，并惹闲非。

勾陈逢者事交加，谋事中间事事差。

田宅官司多挠括，是非门内有喧哗。

膡蛇形式

㇇——膡蛇主忧虑，梦不祥，作事多阻，有喧争，惹旧愁，宜守静。

膡蛇遇者主惊虚，家宅逢之尽不宁。

出入官谋宜慎取，免教仆马有灾形。

白虎形式

几——白虎主有不祥之招。产、病、有孝服，及官鬼，惹口舌，在囚狱。

白虎逢之灾孝来，出门凡事不和谐。

便防失脱家财损，足疾忧人百事乖。

玄武形式

厶——玄武贵人华盖，主盗财，亦难寻。

玄武动时主失脱，家宅流离慎方活。

更防阴小有灾危，又至小人生拮括。

笔画犯煞

燕 风麟	丁 断伏	口 活法	丁 用煞
日 连图带	曰 隔伏	厂 欹伏	丁 冲伏
丁 悬针	◎ 中伏	丁 流金	乁 活金
乙 伏曲	乃 曲伏	口 死金	丁 活火
厶 死火	兮 螣蛇	丁 死土	男 蛇土
刀 隔伏			

玄黄笔法歌

厂、反

反旁无一好，十个十重灾。旁里推详看，临机数上排。

又、走

走远字如何，须防失脱多。若还来问病，死兆不安和。

孑、系

系绞同丝绊，干事主留连。却喜财公问，傍看日数言。

阝、卩

附邑旁边事，当从左右推。兑宫知事定，震位事重为。

灬、二

四点皆为火，逢寅过于通。若还书一画，百事尽成空。

亻彳

卓立人旁字，谋为倚旁成。若还来问病，死去又逢生。

之、辶

之绕身必动，看其内必凶。问病也须忌，其余却少通。

彡、弓

弓伴休乾用，反处日难凭。先自无弦了，如何得箭行。

山、宀

宀下灾祸字，占家更问官。更推从来用，凶吉就中看。

人、冫

两点旁边字，还知凝滞攒。要问端的处，旁取吉凶看。

吕、叩

双口相排立，因知恸哭声。各逢干戈日，亦主泪如倾。

户、尸

户下尸不动，休来占病看。其余皆是吉，即断作平安。

阝、阜

阜邑旁边字，当为仔细推。兑宫知事息，震位又重为。

衣、礼

礼字旁边折，必定见生财。疋字如逢见，须从人正来。

月、骨

骨旁人有祸，囚狱一重来。门内生荆棘，施设不和谐。

身、自

自家身旁限，分明身不全。有谋难得遂，即日是多煎。

反、定

定绕自来看，身必有所动。吉凶意如何，相里临时用。

山、山

山下灾祥字，占家宜用官。更推从西用，凶吉数中安。

人、欠

欠字从西体，须知望用难。吹嘘无首尾，不用滞眉看。

禾、禾

禾边刀则利，春季则为殃。夏日宜更改，人中好举扬。

耳、耳

耳畔虽有纪，轻则是虚声。旺事宜重用，取谋合有成。

五行体格式

水笔式

○ 水圆多性巧。

☾ 浊者定昏迷。

◉ 水泛为不定。

己 水走必东西。

火笔式

丶 火重性不常。

厶 火燥见灾殃。

彡 火多攻心腹。

㇌ 火轻足衣粮。

土笔式

一 土重根基好。

一 土轻离祖居。

乛 土滞破田宅。

几　土定无虚图。

金笔式

口　金方利身主。

亻　金重性多刚。

フ　金走为神动。

巳　慷慨及门墙。

木笔式

丨　木长性聪明。

丨　木短定功名。

川　木多才学敏。

丿　木斜废支撑。

时辰断

看字先须看时辰，时辰克应不相亲。
时辰若遇生其用，作事何忧不趁心。

（此字中笔一要紧用也。）

起六神卦诀

甲乙起青龙，丙丁起朱雀。
戊日起勾陈，己日起螣蛇。
庚辛起白虎，壬癸起玄武。

附例：今以甲乙、丙丁日附载为式，余仿此。

	六爻	五爻	四爻	三爻	二爻	初爻
甲乙日例	玄武	白虎	螣蛇	勾陈	朱雀	青龙
丙丁日例	青龙	玄武	白虎	螣蛇	勾陈	朱雀

完整的对应关系如下表：

	甲乙日	丙丁日	戊日	己日	庚辛日	壬癸日
上爻	玄武	青龙	朱雀	勾陈	螣蛇	白虎

五爻	白虎	玄武	青龙	朱雀	勾陈	螣蛇
四爻	螣蛇	白虎	玄武	青龙	朱雀	勾陈
三爻	勾陈	螣蛇	白虎	玄武	青龙	朱雀
二爻	朱雀	勾陈	螣蛇	白虎	玄武	青龙
初爻	青龙	朱雀	勾陈	螣蛇	白虎	玄武

辨别五行歌

一

横画连勾作土称，一挑一捺俱为金。

撇长撇短皆为火，横直交加土最深。

有直不斜方是木，学者方明正五行。

二

一点悬空土迸尘，三直相连化水名。
孤直无依为冷木，腹中横短作囊金。
点边得撇为炎火，五行变化在其中。

三

三横两短若无钩，乃为湿木水中流。
两点如挑金在水，八字相须火可求。
空云独作寒金断，好把心勾比木舟。

四

无勾之画土稍寒，直非端正木休参。
围中横满无源水，口小金方莫错谈。
四匡无风全五事，用心辨别莫迟难。

五

穿心撇捺火陶金，走之平稳水溶溶。
直中一捺金伤木，踢起无尖不是金。
数点笔连休作火，奇奇偶偶水源清。

六

无直无钩独有横，水因土化复何云。
点挑撇捺同相聚，其总将来化土音。
四点不连真化火，孤行一笔五行同。

辨别六神歌

蚕头燕额是青龙，尖短交加朱雀神。
弯弓斜月勾陈象，螣蛇长曲势如行。
尾尖口阔为白虎，体态方尖玄武行。
此即六神真妙诀，断事详占要认真。

五行歌并式

木瘦金方水主肥，土形敦厚背如龟。
上尖下阔名为火，字像人形一样推。

木　式

Ｉ

有直不斜方是木，即此是也。凡字有木，不偏不倚，始为木。若无倚靠上下左右者，此系冷木，故云：直无倚为冷木。另作别看。

三

此乃湿木也。歌曰：三横两短又无钩，此为湿木水中流。此土化水也。如"聿"字下三横，"春"字上三横，皆为湿木。凡有钩之横，及三横不分短长者，皆非木也。

乙

此舟船木也，象如勾陈，属土。邵子云："好把心钩比木舟。"故借作舟船木用，如占在水面土行等事，即作舟船木用。如占别用，论勾陈，仍作土看。在占者临时变化，切不可执一而论也。

义

此木被金伤也，一样属金。故云："直中一捺金伤木。"凡占得此木，为用伤者，皆主不得其力也。

干支辨

直长为甲亦为寅，细短均为乙卯身。孤直心钩兼湿木，干支无位不须论。

车

假如车（車）字中央一直，彻上彻下，强健无损，则属阳，所以为甲木、寅木。余皆仿此。

幸

如幸字上一直下一直，皆短弱属阴，所以作乙木、卯木论也。凡一直，细弱木健，即长如车之直，亦作乙卯木看。其心钩、舟船木，并三横两短木，一概不在干支论，因其不正故也。

汉字笔画按其特征与五行和干支匹配。直、长的竖划属甲木或寅木，比如车（車）字中央一直，彻上彻下，刚健完整，属阳。而形象较短较弱的竖划属乙木或卯木，如“幸”字的上一竖画和下一竖画，属阴。另外，属于木式笔画的心钩木（一）、舟船木（乙）以及三横两短木（三），由于没有木笔应有的正直特性，一概不作干支论。其余可以此理类推。

火　式

丿

撇长撇短皆是火，此式是也。

ソ

点边得撇为炎火，此即是也。要一点紧紧相连，始合式。如不联属点，仍属水，非炎火看也。

八

八字相须火可求，此余火也。如八字捺长，则一撇为火，一捺另作金看。

灬

四点不连真化火，此真火也。如四点笔法牵连不断，则属水非火论也。

干支辨

撇长丙巳短为丁，午火同居短撇中。八字螣蛇兼四点，天干不合地支冲。

盧

假如庐字撇长，则取为丙火、巳火用。丙巳属阳，故用撇长者当之。余仿此。

從

如"从"（從）字，撇多皆短，则取为丁火、午火用。丁午属阴，故用短弱者当之。邵之子作，皆有深理存焉。余仿此。如八字四点之类，皆火之余，俱不入干支论。

土　式

フ

此横画连勾，作土称是也。如用画无勾，直无撇捺相辅，此为寒土化水用，故"无直无钩独有横，土寒化水复何云"也。如"二"字、"且"字、"竺"字之类也。如"血"字、"土"字与直相连，仍作土看。

十

歌云"横直交加土最深"，即此是也。凡横画有一直在内为木，非深厚之土不能培木，所以云土最深也。余仿此。

、

歌云"一点悬空土迸尘"，此乃尘沙土也。凡"求"

字、"戈"字末后一点皆是。如"文"字、"章"字,当头一点属水,不在此论。"凉"字、"减"字起头一点亦属水,不在此论。

一

此无勾之画,为寒土解。见前。

火

此"点挑撇捺同相聚,其总将来化土音",作土看。

干支辨

横中有直戊居中,画短横轻作己身。末点勾陈皆丑未,长而粗者戊辰同。

聿

例如"聿"字之类,第二画长,末后一画长,余画皆短,即长者为阳土用,短者为阴土用。必取横中有直者为准,如无直者,及无依辅者,另看轻细,虽长亦作阴土。

求

假如"求"字之点,可作己土丑未用,其挑撇点捺同相聚,无名之土,不入于干支之论也。

金 式

丿

歌云"一挑一捺俱为金",即此是也。挑起定要有锋尖,始为金。如踢起无尖,又非金看也。

乀

捺要下垂始为金,如走之平平,又变水看矣。学者辨之,不可不明。

口

口小金方,即此是也。如"因"字、"国"字、"匡"字,四匡大者皆非。

目

歌曰"腹中横短是囊金"。假如目字中两横短,而作囊内之金看。如两横长满者,乃"围中横满无源水",又不作金用也。如目中用两点非横者,亦是水,非金也。余仿此。

氵

此两点加挑,金在水云金,乃水中之金也。

几

此"空云独作寒金断",乃寒金也。

义

"穿心撇捺火陶金",此金在火中也。

干支辨

口字为庚亦作申,挑从酉用捺从辛。空头顽钝囊金妙,不在干支数内寻。

喜

假如"喜"字上下两口,皆属阳,取其方正故也。俱为庚金、申金用。

扒

假如"扒"字,挑才一挑取为酉,用八字一捺取为辛。因其偏隘,故作阴金用。余仿此。

水　式

、

此"一点当头作水称",乃雨露水也。歌出邵子旧本。又云"有点笔清皆作水",云有点属水也。又"一点悬空土迸尘",点在末后一点化水,解见前。四点相连,又化作火,亦见于前解也。

川

此三直相连化水,名"川"字之义也。

曰

此字中央一满画，乃无源之水也。如画短不满者，不是水，另作别看。

辶

此"走之平稳水溶溶"，捺不下垂，故作水看也。

灬

此数点相连，野水也。即四点笔迹不断，亦作水看。

一

此土寒化水也。凡有依附者即非，仍作土看也。

干支辨

点在当头作癸称，腹中为子要分明。点足为壬腰在亥，余皆野水不同群。

文

假如"文"字一点，即为癸水。癸水乃雨露之源，因在上故也。余仿此。

月

假如"月"字腹中之点，即为子水，因其在内故也。凡"勺"字、"目"字等，皆同用。余仿此。

景

　　如"景"字中央一点，乃亥水，下二点为壬水，故"点足为壬腰在亥"，取江河在下义也。余仿此。

梅花易数卷之五

五行全备

一点一画五行全，试看首尾秘为占。

点画若无疵笔露，功名发达享高年。

、　如一点端正，无破绽鸦嘴等形，则是五行全。如不合式，仍属水。

一　亦五行全。此象乃庖羲氏画卦之初而混元一气之数也。

〇　此太极未分时，亦五行全大之象也。

口　歌曰"四匡无风全五行"，是亦五行全也。如"国"字、"园"字之类，四匡紧紧不透风乃是。如笔稀者不是；口小者属金，亦不是。此地之象也。

六神形式

青龙：丿、乀

"蚕头燕额是青龙"。凡撇捺长而有头角之样，即作青龙，如撇短则不足。如成青龙之式，"不拘撇捺皆化木"。如无须角，虽长亦非青龙。

朱雀：乂、丿

"尖短交加朱雀神"。撇短而有尖嘴之形，则为朱雀。主文书事，原属火，无化。

腾蛇：乙、乞、乩、皮

"腾蛇长曲势如行"。其样如蛇，皆化火看，亦主文书及惊怪等。

勾陈：勹、乙、乁

"弯弓斜月勾陈象"。凡带长者是也，属土，无化，主羁滞。

白虎：兄、几、主

"尾尖口阔方为虎"。口不开者，非虎也。化作金用，主疾病、凶兆也。

玄武：厶、幺、幺、云

"体态方尖玄武形"。化木，主盗贼事，又主波浪险阻等事。

八卦辨

口形为兑捺为乾，三画无伤乾亦然。
三点同来方是坎，撇如双见作离占。
土山居上名为艮，居下为坤不必言。
蛇形孤撇皆从巽，云首龙头震占先。
详明八卦知凶吉，学者参求理自全。

贵 神

中 上 贝 日 月 大 人

喜　神

士　口　言　鸟

福　星

不　田

（凡子孙动者，亦作福星看。）

文　星

二　乂　日　子

印　信

巳　口　口　子

马　星

乛　灬　辶　走

禄　神

甲禄在寅，乙禄在卯，丙戊禄在巳，丁己禄在午，庚禄在申，辛禄在酉，壬禄在亥，癸禄在子。

（俱以占者年庚本命，于求之笔画为准。如甲命人，即以字中长直为禄。余仿此。）

会　神

田　曰　云　禺

生　神

一　丶　元　甲　子　初

（盖一者数之始，元者鸿濛之初，甲子者乃干支之首，故皆为生神之用也。）

亡　神

十　千　百　万　贞　亥　癸

（十千百万皆数之终，贞乃元之尽，亥癸是干支之末，故为亡神。）

家　神

宀　毛

火（灶神以四点同。）

土（土者，奥神是也。）

堂（堂者，香火神也。）

水（水者，井神等，三点亦同用。）

官　符

宀　付　吕

文　书

二　乂　丿　乙

（朱雀、腾蛇皆是。）

灾　煞 （即病符）

巛　宀　火　广　丙　矢

（字中见旧太岁亦为病符星。）

天狗煞

字中见太岁，前年干支是也。

（如子午见戌，甲年见子，皆是。）

科名星

禾　斗

（以本人年甲所属是科名，如甲乙以一直，丙人以一撇，皆科名也。余仿此。）

丧　门

白　本　氏　兄

空　亡

即六甲空亡，"甲子旬中空戌亥"之类是也。

（假如甲子旬中空，占即以腰间一点为亥空，以长画为戌空。余皆仿此。）

宜　神

子为财之宜神，鬼为父之宜神，兄为子之宜神，财为鬼之宜神，父为兄之宜神是也。

忌　神

子为鬼之忌神，鬼为兄之忌神，兄为财之忌神，财为父之忌神，父为子之忌神是也。

主　神

眼前小事日千寻，代友占亲看纳音。
疾病官非详本命，字中末笔主终身。
（假如占眼前出行求财等事，俱以日干生克字中笔画为主。如替人问事，以本日纳音为主。如疾病官非，又以本人年干为主。如占自己终身，俱以末后一笔为主，看生克衰旺而详占之。）

用　神

官鬼父母才兄子，据事参详要仔细。

认定一笔作用神，此为相字真消息。

（假如占功名用官鬼，占生意用财爻，据事而取用神，只以一笔为主，详其旺相休囚以定吉凶。）

七言作用歌

用神加直五行真，谋望营为百事成。

疾病官非兼口舌，纵逢凶处不成凶。

（此金木水火土真字，皆宜用，乃五行真也，诸事皆利。）

年干所属是科名，禾斗皆为首占星。

有此求名皆遂意，如无考试定成空。

（凡占功名，必要科名入数，再兼官鬼文书动而旺相，功名可成。如无，科名莫许。）

求谋之数禄神临，始断今科考事兴。

若遇科名同在数，自然高荐遂生平。

（禄神即甲禄在寅是也。）

有田有日会神兴，见客逢人不必寻。

马星原是弯弓脚，四点原来用亦同。

（凡谒贵寻人，俱要会神，行人俱要马星妙。）

士头口体喜神俱，嫁娶婚姻百事宜。

只怕重重见火土，许多克伐反非奇。

（"士"属土怕木，"口"属金怕火，所以见木土反非奇也。）

笔清墨秀琢磨深，方正无偏必缙绅。

疾走龙蛇心志远，行藏慷慨位三公。

又

字兼骨格有精神，窗下工夫用得深。

笔迹丰肥金见火，诗书队里久陶镕。

又

金木重重见贵神，笔挥清楚主聪明。

耸直一行冲宝盖，富贵荣华日日新。

又

方圆端正笔无尘，年少登科入翰林。

只恐弱木逢金克，缠身病疾不明萌。

又

木形之字有精神，可云发达耀门庭。

火多年少心多燥，水盛为人智必清。

又

一直居中勇更明，少年黾勉得功名。

末笔再逢金土厚，为官享禄更廉明。

又

笔端势小事无成，粗俗须知业不精。

起头落尾如莺嘴，心里奸谋刻薄人。

又

土形之字活而圆，用神清楚是英贤。

笔底到头无间断，一家荣耀有余钱。

又

字贬无神笔更联，公门吏卒度余年。
勉强操觚无实学，欺人长者被人嫌。

又

战兢惕厉若临渊，静里修持反有年。
写笔果然无俗气，终须榜上有名填。

又

日月当头笔迹强，精神骨格字无伤。
国家梁柱何消息，更有奇衷佐圣疆。

又

衣食身旁黑带浓，最嫌软弱与无神。
字中人口如枯暗，莫待长年主恶终。

又

下笔头高志必雄，落头不是正经人。
尖头秃尾人无智，老死衙门不得名。

又

一字忙忙写未全，有头无尾不须言。
作事率然多失错，琢磨早失在当年。

又

字无骨格少精神，一生多耗病沉沉。
问名带草索连就，满腹文章亦落空。

又

草写香花定主贫，弱软干枯受苦辛。
于中若是为官客，几日新鲜一旦倾。

比例歌

一

斗日来占事不差，无心书鬼状元家。
功名第二推为政，舜字登科作探花。

二

辰时执笔若书才，大振声名事必来。
正午书言真是许，水旁写半见泮开。

三

逢三书八士能成，照例推之理便通。
申车不乱推联捷，数逢三一始为真。

四

二人同到读书余，一定其间事必徐。
问失执金知是铁，始为一举反三隅。

　　此例之类，不过详其理也。暂录四首，为后学之门。
余仿此。

西江月

　　要见卦爻衰旺，端详其内章图。欲知事物识天机，细
把玄黄篇记。临占观形察物，叶音即义断之。若逢王者世

为奇，君免猜疑直示。

易理神数

昔李淳风占赤黑二马入河，人问二马何先起。有人演得离卦云："离为火，火赤色，赤马先起。"李曰："火未然，烟先发，黑马先起。"果然。

断扇占

昔有一妇，其夫久客不归，因请李淳风先生求断易数。适值他出，问其子，其子见妇手中携一扇，其扇面忽然落地，因断曰："骨肉分离，不得相见矣。"妇泣而归，恰路遇李淳风先生。妇诉其故，李断曰："穿衣见父，脱衣见夫。不妨，尔夫今日必到。"将晚，果然至家。可见各解不同，其断精微若此。

买香占

酉年八月二十五日午时，有杨客卖香。康节曰："此香非沉香。"客曰："此香真不可及。"康节曰："火中有木，水泽之木，非沉香也。恐是久阴之木，用汤药煮之。"客怒而去。半月后有宾朋至，云是清尾人家做道场，沉香伪而不香。康节曰："香是何人带来，但问其故，我已先知之矣。"伯温令人去问，果是杨客。康节曰："前日到门首，因观之。未问之前先失手，其香坠地，故取年月日时占之，

得睽之噬嗑。睽下卦属兑，兑为泽。噬嗑下卦属震，震为
木，乃水泽之木，即非沉香。睽卦上互得坎，坎为水；下
互得离，离为火。上有水即汤，噬嗑卦上互见坎，坎为水，
下互见艮，艮为山，中有水，亦象之象。此乃水泽久损污
湿之木，以汤煮之。此理可晓。从此大小事，不可不较其
时也。"

古人相字

昔谢石以拆字名天下，宋高宗私行遇石，以杖于土上
书一"一"字，令相之。石思之曰："土上加一画成王字，
必非庶人。"疑信之间，帝又画一"问（問）"字，令相
之。为田土所梗，两旁俱斜侧飘飞。石尤惊曰："左看是君
字，右看是君字，必是主上。"遂下拜。上曰："毋多言。"
石俯伏谢恩，帝因召官之。次日，召见偏殿，书一"春"
字命相。石奏曰："秦头太重，压日无光。"上默然。时秦
桧弄权，适忤桧，竟贬之边地。途间遇一女子，云能拆字。
石怪曰："世间复有如我拆字者乎?"遂书"谢（謝）"字，
令相之。女曰："不过一术士耳。"石曰："何故?"女曰：
"是寸言中立身尔。"石又书一"皮"字。女曰："石逢皮
即破矣。"盖押石之卒即皮姓也。石大惊服，曰："吾亦能
相字，汝可书字，吾相之。"女曰："吾在此即字也。请
相。"石曰："人傍山立，即'仙'字。汝殆仙乎?"女笑
而忽失。盖世有妙术，术有妙理，在人心耳。然数定，固
莫能逃也。后石竟不返。

张乘槎善相字，浙江旧有拱北楼，王参政莅浙，改为

"来丰（豐）楼"。初揭匾，命槎占之，槎曰："祅矣！尚何占哉！"是晚，讣音果至。异日叩之故，槎曰："豐字之形，山者墓所也。二丰者，冢上树也。豆者，祭器也。其兆如此，岂非死乎！"

刘尝心有所欲占，延槎而不言其事，但令射之，以验其术。槎曰："书一字方可占。"适有小学生在旁习字，正写《千字文》，至"德建名立"一句，刘就指"德"字令占之。槎曰："子欲占行人耳。"刘曰："然。何时当至？"槎曰："自今十四日必来。"刘曰："恐事不了，不肯来。"槎曰："一心要行。"悉如所占。刘问故，槎曰："德字双立人，乃行人也，故知占行。旁有十四字头，故云十四日。其下又有一心字形，所以云一心要来也。"

裴晋公征吴元济，掘地得一石，有字云："鸡未肥，酒未熟。"相字者解曰："鸡未肥，无肉也，为己；酒未熟，无水也，酒去'氵'，为酉。破贼在己酉。"果然。

唐僖宗改为广明元年。相字者曰："昔有一人，自崖下出来，姓黄氏，左足踏日，右足踏月，自此天下被扰也。"是年黄巢在长安作乱，天下不安。

宋太宗改元太平兴国。相字者曰："太平二字乃一人六十寿也。"太宗果享六十而崩。

周尚幹年终将换桃符，制十数联，皆不惬意。周梅坡扶箕降紫姑仙，得两句云："门无公事往来少，家有阴功子孙多。"甚喜，大书于门。相字者曰："每句用上三字，其兆不祥。"上句云"门无公"，是年尚幹卒于官，乃父致政亦卒，乃兄卒，俱无子。"门无公"、"家有阴"，兆于先矣。

断富贵贫贱要诀

凡字写得健壮，其人必发大财，有田土好产。二画一点者，多贵为官食禄，不然亦近贵。"才"字中或多了一画、一撇、一捺，亦主横发财禄多，遇异贵，得成名利。或少了一画、一撇、一捺，其人破荡弃祖，自立成败。

如"名"、"目"字，写得如法正当，无缺折者，其人有名分。笔多清贵虚名。上笔多，富而贵。字中有画，当短而长，其人慷慨，会使钱近贵。字画直长而短，其人鄙吝，一钱不使。字有悬针，或直落尖，皆刑六亲，伤害妻子。横画两头尖者，伤妻。直落两头尖者，伤子。字捺画少者，孤捺。画不沾者亦孤，为僧或九流。如见"十"字两头尖者，穿心亦害，刑妻子兄弟，骨肉皆空。字中点多者，主人淫滥漂荡，贪花好色，居止不定。"十"字下面脚不失者，晚得子力。如见上一画重者，平头杀，亦难为六亲。轻者初年不足，中、末如意。或点重者，为商旅发财，离乡失井，出外卓立。若水命、金命见点画轻者，或早年有水灾，捺者无安身之地，作事成败，主恶死不善终。直落多者，聪明机巧，为手艺之人，白手求财。画多者，必有心胁脾胃之疾。木多有心气之疾，晚年见之。写口字或四围有口开者，有口舌，旬日见之，或破财不足。"发（發）"字头见者，末主发财。一字分作三截，上中下三主断之。"士"头"文"脚，主有文学。金笔灵，或见于"干""戈"字脚者，必是用武之士。凡妇人写来字画不正者，必是偏室，或带三点，必有动意，如三之类。凡写字之人偶然出了笔头，此事破而无成。或近火边写字，必心下不宁。或写字用破器添砚水，家破人亡。或写字时，犬来左右吠，不吉。或取纸来写破碎者，主有口舌。或写字时猫叫，此人有添丁之喜。或在楼上写来问者，主有重叠之事。或在船上写来问者，主有虚惊。或扇上写来问者，夏吉冬不吉。如本命属金，金笔多者贵，土笔多者富。五行生克亦然。余仿此。

五行四时旺相休囚例

	春	夏	秋	冬	四季之月
旺	木	火	金	水	土
相	火	土	水	木	金
休	水	木	土	金	火
囚	土	金	木	火	水

五行相生地支

木生在亥

火生于寅

金生于巳

水土长生居申

天干地支所属五行

甲乙寅卯属木
丙丁巳午属火
戊己辰戌丑未属土
庚申辛酉属金
壬癸亥子属水

论八卦性情

乾健也　坤顺也　震起也　艮止也
坎陷也　离丽也　兑说也　巽入也

八卦取象

乾为天　坤为地　震为雷　巽为风
坎为水　离为火　艮为山　兑为泽

六十甲子歌

甲子乙丑海中金，丙寅丁卯炉中火。
戊辰己巳大林木，庚午辛未路旁土。
壬申癸酉剑锋金，甲戌乙亥山头火。
丙子丁丑涧下水，戊寅己卯城头土。
庚辰辛巳白腊金，壬午癸未杨柳木。

甲申乙酉井泉水，丙戌丁亥屋上土。
戊子己丑霹雳火，庚寅辛卯松柏木。
壬辰癸巳长流水，甲午乙未沙中金。
丙申丁酉山下火，戊戌己亥平地木。
庚子辛丑壁上土，壬寅癸卯金箔金。
甲辰乙巳覆灯火，丙午丁未天河水。
戊申己酉大驿土，庚戌辛亥钗钏金。
壬子癸丑桑柘木，甲寅乙卯大溪水。
丙辰丁巳沙中土，戊午己未天上火。
庚申辛酉石榴木，壬戌癸亥大海水。

六十四卦次序歌

乾坤屯蒙需讼师，比小畜兮履泰否。
同人大有谦豫随，蛊临观兮噬嗑贲。
剥复无妄大畜颐，大过坎离三十备。
咸恒遁兮及大壮，晋与明夷家人睽。
蹇解损益夬姤萃，升困井革鼎震继。
艮渐归妹丰旅巽，兑涣节兮中孚至。
小过既济兼未济，是为下经三十四。

《系辞》八卦类象歌

乾为君兮首与马，卦属老阳体至刚。
坎虽为耳又为豕，艮为手狗男之详。
震卦但为龙与足，三卦皆名曰少阳。

阳刚终极资阴济，造化因知不易量。
坤为臣兮腹与牛，卦属老阴体至柔。
离虽为目又为雉，兑为口羊女之流。
巽卦但为鸡与股，少阴三卦皆相眸。
阴柔终极资阳济，万象搜罗靡不周。

浑天甲子定局

乾

| 壬戌土 | 壬申金 | 丁午火 | （上卦） |
| 甲辰土 | 甲寅木 | 甲子水 | （下卦） |

坎

| 戊子水 | 戊戌土 | 戊申金 | （上卦） |
| 戊午火 | 戊辰土 | 戊寅木 | （下卦） |

艮

| 丙寅木 | 丙子水 | 丙戌土 | （上卦） |
| 丙申金 | 丙午火 | 丙辰土 | （下卦） |

震

| 庚戌土 | 庚申金 | 庚午火 | （上卦） |
| 庚辰土 | 庚寅木 | 庚子水 | （下卦） |

（以上四宫属阳，皆从顺数。）

巽

辛卯木　辛巳火　辛未土　（上卦）
辛酉金　辛亥水　辛丑土　（下卦）

离

己巳火　己未土　己酉金　（上卦）
己亥水　己丑土　己卯木　（下卦）

坤

癸酉金　癸亥水　癸丑土　（上卦）
乙卯木　乙巳火　乙未土　（下卦）

兑

丁未土　丁酉金　丁亥水　（上卦）
丁丑土　丁卯木　丁巳火　（下卦）

（以上四宫属阴，皆从逆数。）

右诀从下念上，一如点画卦爻法，学者宜熟读之。

后天时方

子阳辰丑阳戌巳下皆吉。
子日子罡起，灭迹四位申。五败七败位，十祸日习同。

	子	丑	寅	卯	辰	巳	午	未	申	酉	戌	亥
甲子	罡	墓	吉	灭	败	吉	破	绝	吉	祸	孤苦	空亡
乙丑	吉	罡	败	吉	祸	败	吉	破碎	凶败	吉	灭	空
丙寅	孤	吉	罡	败凶	祸	灭	破败	吉	破	败祸	灭空	空亡孤
丁卯	灭	孤	祸	罡	凶	吉	祸	败	凶	破	空	吉
戊辰	灭	孤	凶	吉	破	败	凶	灭	凶	吉	败	空
己巳	吉	吉	凶	孤	罡	罡	吉	凶	灭	败	凶	破
庚午	破	吉	吉	吉	灭	吉	罡	吉	凶	吉	空	败
辛未	凶	败	吉	吉	祸	凶	吉	罡	吉	吉	灭	空
壬申	吉	墓	破	凶	吉	祸	吉	罡	吉	吉	灭	空
癸酉	祸	墓	吉	破	吉	吉	灭	孤	吉	罡	空	空亡
甲戌	败	灭	败	害	破	吉	凶	害	空	空	罡	吉
乙亥	吉	凶	祸	破	破	破	吉	败	害	孤	墓	罡
丙子	罡	吉	败	祸	害	破	凶	吉	空	破	孤	凶
丁丑	孤	罡	吉	害	害	败	凶	破	空	杀	灭	孤
戊寅	孤	破	罡	吉	凶	灭	败	凶	破	空	凶	祸
己卯	灭	孤	吉	罡	吉	凶	祸	败	杀	破	害	凶
庚辰	吉	祸	孤	凶	罡	凶	吉	灭	败	凶	破	凶
辛巳	凶	墓	灭	孤	吉	罡	凶	凶	害	败	吉	破
壬午	破	孤	吉	害	凶	吉	罡	凶	空	灭	败	败
癸未	吉	破	吉	吉	祸	孤	吉	罡	空	吉	灭	败
甲申	败	吉	败	吉	吉	祸	孤	空	罡	败	吉	灭
乙酉	祸	败	吉	破	凶	吉	灭	空	吉	罡	凶	吉
丙戌	吉	灭	败	吉	破	吉	空	祸	孤	吉	罡	吉
丁亥	败	吉	祸	败	吉	破	空	败	灭	孤	吉	罡

	子	丑	寅	卯	辰	巳	午	未	申	酉	戌	亥
戊子	罡	凶	吉	灭	败	吉	破	空	吉	害	孤	吉
己丑	吉	罡	吉	凶	孤	败	空	败	吉	凶	灭	孤
庚寅	吉	凶	罡	吉	祸	灭	真	空	破	害	灾	孤
辛卯	祸	败	孤	罡	吉	孤凶	灭	败	害	败	凶	吉
壬辰	凶	害	孤	害	罡	吉	空	灭	破	凶	破	吉
癸巳	吉	凶	灭	孤	破	罡	亡	败	害	空	害	破
甲午	破	凶	吉	祸	孤	空	罡	吉	害	灭	败	吉
乙未	吉	破	凶	吉	灭	孤	吉	罡	败	吉	害	败
丙申	败	吉	破	凶	空	祸	孤	吉	罡	败	孤	灭
丁酉	祸	败	凶	破	罡	祸	孤	吉	祸	罡	凶	吉
戊戌	凶	败	败	吉	破	空	凶	败	孤	吉	罡	祸
己亥	吉	凶	祸	败	空	破	吉	凶	灭	害	孤	罡
庚子	罡	吉	吉	灭	败	罡	破	吉	吉	祸	孤	苦
辛丑	吉	罡	吉	吉	败	败	吉	破	吉	吉	灭	孤
壬寅	孤	凶	罡	凶	凶	灭	败	吉	破	凶	吉	凶
癸卯	灭	孤	吉	罡	空	败	伐	破	吉	败	吉	吉
甲辰	凶	祸	孤	祸	罡	吉	凶	灭	败	败	破	吉
乙巳	吉	凶	灭	祸	凶	罡	吉	败	害	败	凶	破
丙午	破	吉	亡	害	孤	凶	罡	吉	凶	灭	败	凶
丁未	死冼	破	空	败	灭	孤	祸	罡	吉	凶	害	败
戊申	败	凶	破	吉	祸	福	孤	凶	罡	吉	墓	灭
己酉	祸	败	空	败	墓	凶	灭	孤	吉	罡	凶	凶
庚戌	吉	灭	败	空	破	凶	吉	祸	孤	凶	罡	败
辛亥	祸	墓	空	灭	败	凶	凶	墓	祸	孤	吉	罡

	子	丑	寅	卯	辰	巳	午	未	申	酉	戌	亥
壬子	罡	墓	空	灭	败	凶	破	墓	吉	祸	孤	败
癸丑	吉	罡	空	败	灭	败	吉	破	凶	凶	害	孤
甲寅	孤	空	罡	吉	墓	破	败	吉	破	墓	吉	祸
乙卯	凶	空	吉	罡	墓	吉	败	灭	吉	破	灭	吉
丙辰	空	祸	孤	吉	罡	吉	吉	破	败	吉	破	吉
丁巳	空	败	灭	孤	吉	罡	凶	吉	祸	败	吉	破
戊午	败	空	吉	祸	孤	吉	罡	吉	吉	灭	败	吉
己未	空	空	破	祸	灭	孤	吉	罡	吉	凶	祸	败
庚申	败	空	破	吉	凶	祸	孤	凶	罡	吉	凶	灭
辛酉	害	吉	凶	败	吉	凶	灭	孤	凶	罡	吉	凶
壬戌	空	凶	败	凶	破	吉	凶	凶	孤	凶	罡	吉
癸亥	空	失	害	败	凶	破	吉	凶	灭	孤	墓	罡

八反格

问喜何曾喜，问忧未必忧。

问乐何曾乐，问愁何曾愁。

问死何曾死，问生不曾生。

问官官不谐，见财财不成。

四言独步

看字之法，毫不可差。下笔是我，其余是他。

子孙父母，官鬼要财。兄弟之类，次叙安排。

详占一事，先看用神。或强或弱，详断吉凶。
用神健旺，事所必宜。用神衰弱，必失其机。
字无用神，始推末笔。末笔参差，诸事不立。
土头中贝，日月大人。字中有豫，便是贵人。
贵人在爻，祸事必消。逢险可救，财利必招。
左右有人，功名可许。笔法轩昂，上人荐举。
求财取债，金忌火多。再逢夏月，本利消磨。
五行俱全，人事宜然。用神清楚，妙不可言。
相争词讼，字详结尾。两笔分明，胜负立剖。
字可平分，讼不成凶。人居圈内，缧绁之中。
青龙在数，求谋不误。若无水来，反为无助。
玄武自来，水上生财。白虎同至，惹祸招灾。
朱雀临头，文书已动。事在公门，不与人共。
末勾叠叠，口舌重重。若无救助，毕竟成凶。
水冷金寒，亲戚无缘。求谋未遂，作事迁延。
五行正旺，财利可求。吉神相助，万事无忧。
土内埋金，功名未遂。或者水多，前行可贵。
人病在床，木被金伤。六神不动，毕竟无妨。
字不出头，蹭蹬乖蹇。五行有救，渐渐可展。
字无勾踢，人必平安。凶神乱动，好处成难。
末后一笔，一身之原。如无破绽，福寿绵绵。
一字联络，骨肉同门。孤悬一点，游子飘蓬。
金得炉锤，方成器皿。木无金制，可曰愚农。
木从土出，受人培植。水中浮木，波浪成风。
落笔小心，作事斟酌。小心太过，为人刻薄。
写来粗草，放荡之人。笔端熟溜，书记佣工。

字法龙蛇，仕途已往。秀而不俗，文章自广。
风流笔法，好逞聪明。写来透古，腹内不空。
墨迹滞涩，学问难夸。一笔无停，定是大家。
灯前窗下，岁月蹉跎。禾麻菽麦，俱已发科。
字无倚靠，不利六亲。字无筋节，事可让人。
直仰两足，奔波劳碌。摆尾摇头，必满意足。
字问日期，切勿妄许。有丁有日，类可说与。
山曰草木，咸不宜冬。星辰日月，乃怕朦胧。
真正五行，不怕相克。直如用神，求谋易得。
笔法未全，作事多难。行人不至，音信杳然。
水火多源，木枯无枝。子孙宗派，于此可思。
终身事业，我即用神。生我者吉，克我者凶。
字只两笔，寿年不一。有撇七二，无撇六一。
字如三笔，亦各有数。常为十六，变为念五。
无勾为变，有勾为常。依斯立法，仔细推详。
字不出头，寿增五岁。当头一点，须减三年。
字若无勾，添九可求。字如无直，寿当增十。
笔画过半，须知减点。一点三年，岁数可免。
耳畔成三，口头除四。明彻斯传，始精相字。
妙诀无多，功非一日。仔细详占，万无一失。

五言作用歌

断事不可泥，变通方是道。细细察根源，始识先贤奥。
十人写一字，笔法各不同。一字占十事，情理自然别。
六神无变乱，五行有假真。草木看时节，日月察晦明。

字中有子孙，子孙必不少。详其盛与衰，便知贤不肖。
我克不宜多，多必妻重娶。克我一般多，谐谐又可许。
青龙值用神，万事皆无阻。若是无水泽，犹为受用苦。
白虎值用神，吉事反成凶。官事必受害，疾病重沉沉。
用神见朱雀，利于公门中。君子功名吉，小人口舌凶。
用神见螣蛇，俱是文书动。功名眼下宜，富贵如春梦。
末笔是青龙，万事不成凶。名利皆如意，行人在路中。
末笔是朱雀，公事有着落。只恐闺门中，有病无良药。
末笔是勾陈，淹留费苦心。行人音信杳，官讼混如尘。
末笔是螣蛇，远客即来家。忧疑终不免，官讼苦嗟吁。
末笔是白虎，疾病须忧苦。狱讼必牵缠，出往多拦阻。
末笔是玄武，盗贼须提防。水土行人利，家中六畜康。
末笔看五行，所用看六神。先定吉凶主，然后字中寻。

别理篇

　　字义浑论，辨别之篇须下学。理研变化，至诚之道可前知。字同事不同，不宜此而宜彼。事同字亦同，倏变吉而变凶。设若中也者，天下之大本。问终身与昆仲，无缘信乎哉。人间之最要，欲要之于朋友。更切再如地天为泰，不遇阳间犹是否。雷火为丰，如逢阴极可云临。既虚矣，复反而为盈；既危矣，复还而为安。时盛必衰，天地不逾其数；治极而乱，圣人能预为防。先则看其笔端，然后察其字义。须知字义古怪，学问宜深。笔走龙蛇，峥嵘已过。龙身草草，非正途显达之官。豹字昂昂，是执殳荷戈之职。志无心，定是漂蓬下士。斌不乱，始称文武全才。贝边月下定归期，足畔口头人必促。团团宝盖，多生富贵之家。济济冠裳，定是风云之客。

无事生非因北字，有钱不享是亨来。合则婚事难成，力乃功名未妥。以他人问子，男女皆空。书本姓求官，声名远播。书先觅物终须失，写望追人定是亡。马字偏斜，惟恐落人之局。口头阔大，定招闲事之非。青字有人求作主，事可全于月杪。妙字一女欲于归，少亦可出闺门。天字相联，一对良缘先注定；好字相属，百年美眷预生成。丁寸等字，皆才不足之形；占吉之类，皆告不成之象。香开晨昏扬誉远，花占百事一番新。小为本分之人，大是虚名之士。赤子依亲，是每一例可推；大人盖小，因余仿斯可断。

贝左一生多享福，空头半世受孤寒。东西南北，欲就其方。左右中前，乃择其地。一人旁立，求名是佐贰之官；一直居中，占身乃正途之士。草木逢春旺，鱼龙得水舒。远字走长人未到，动旁撇短去犹迟。赤子儿曹之类，必利见大人；公祖父师之称，则相逢贵人。子则立身无寸地，永如立志有衣冠。操为一品之才，饮定大人之食。之非出往必求财，者不呼卢定六畜。奇欲立而不可，用非走而不通。口居中，俨然一颗方印；元落后，前程可定魁名。

体用昂昂，功名之客；性情巫巫，荼苦之儒。朔邦还未入朝廊，田里多应在乡党。活泼泼鸢鱼，是飞腾之象；乐滔滔凫鸟，为流荡之徒。川上皆圣贤游乐之余，周行是仕宦经由之道。崔巍远人犹在望，平安近事不能成。日小见天长，心粗知胆大。归则归兮归则止，笑如笑兮笑成悲。国字谓何？一口操戈在内。尔来何故？五人合伙同居。火字乃人在中央，一遇羊头为尽美。天字是人居其内，出头一日始逢春。以余字问，必有；以有字问，反无。

龙虽在天在田，看笔迹如何布置。师既容民畜众，察精神始识兴衰。盖载有人，终享皇家福；伞带全备，定是极品官。有撇断为兄弟，无点莫问儿孙。工欲善其事而成艺，何不见其人而亦可？女子并肩生意好，色丝同处病将亡。犯岁君之名，灾殃不小。书童问卜之日，财利可兴。理中变化深长，此乃规矩方圆之至。字里机关悠远，须认精粗为化造之原。

六言剖断歌

事从天地之义，字乃圣贤之心。

静里功夫细阅，其中奥理无穷。

圆融莫测其变，来去莫阻其通。

笔法先详衰旺，得意始定吉凶。

干枯软小为衰，清秀坚昂为旺。

详其用神何如，吉凶自然的当。

寿夭定于笔墨，取其多寡为占。

字如十笔以上，一笔管之六年。

字如十笔以下，一笔定其九岁。

若在五笔之间，一笔管十六年。

笔画过之十五，两笔折作一笔。

带草一笔相连，问寿只在目前。

笔迹清而拘束，必然游庠在学。

笔端浊而放荡，功名必无着落。

写来笔法圆活，为人处世谦和。
笔底停而又写，为人性慢心多。
举笔茫无所措，胸中学问不大。
若无写罢复描，行事可为斟酌。
富贵出于精神，英雄定于骨格。
末后一笔丰隆，到老人称有德。
占妻先看其妻，占子先看其子。
妻子察其旺衰，据理定其生死。
父兄官灾讼狱，父兄要值空亡。
如若父兄在数，父兄反见灾殃。
一切谋望营求，字要察其虚实。
有声无物为虚，有物可见是实。
书出眼前之物，察其司重司轻。
司重断为有用，司轻大事无成。
纳采于归等事，更要加意推详。
笔画计其单双，字义察其阴阳。
假如子字求子，须防日建逢女。
子日如书女字，婚姻百事皆许。
一字笔画未全，万事不必开言。
字中若有余笔，必须用意详占。
先用五行工夫，后穷增减字理。
影响毫发无差，谬则难寻千里。
学者变化细推，断事无不灵应。

格物章

物格而后知致，本末须详。事来必先见诚，始终可断。

细而长者，以一尺为百年，计寸分而知寿算；方而圆者，以千金比一两，度轻重以定荣枯。落手银圈，放荡终不改；出囊珠石，峥嵘自有时。石土不逢时，谓之无用；木金全失气，枉自徒劳。执墨问功名，研求之夕日见不足；端鼎比身命，近贵之体一世非轻。腰下佩觿，所求皆遂；道旁弃核，百事无成。取草问营谋，逢春须茂盛；将银问财帛，有本恐消磨。素纨无诗，当推结识疏；牙签托人，毕竟不顾我。数珠团圆到底，夫妻儿女皆宜；木鱼振作不常，父母兄弟难合。力下行人来得快，笔占远处有施为。求子息，圆者不宜空；占买卖，长者终须折。衣衫则包藏骨肉，葬祭之事宜然；绦带必系纨扇躯，牵缠之事未免。舟车骡马，用之则行；婢仆鸡鸢，呼之便至。金扇之类，收有复展之期；烹调之物，死无再生之理。瓜果问事，破不重圆；棋子求占，散而又聚。荡尘理乱，无非金篦牙签；释罪沉冤，俱是何章刀笔。壶是主人之礼，觥则空而满，满而复空；锁为君子之防，匙则去而来，来而复去。文章书籍，非小人用之；筐筥犁耙，岂君子用之。惯执鞭所忻慕焉，富而必可求也；能弹琴复长啸尔，乐亦在其中乎？娱指悬匏，功名少待；折来垂柳，意兴多狂。竹杖龙头，节义一生无愧怍；木锥莺嘴，钻谋万物有刚强。手不释正业经书，自知道德修诸己；问不离九流艺术，意在干戈省厥躬。指庭前向日之花，倏忽坐间移影；点槛外敲风之竹，晨昏静里闻音。君子执笙簧，陶陶其乐，舌鼓终须不免；女人拈针线，刺刺不休，心牵毕竟难触。出匣图书行欲方，眼下可分玉石；执来宝剑心从利，手中立剖疑难。羽扇纶巾，须知人自山中去；奇珍异宝，可断人从海上来。百草可活人，不识者不可妄用；六经能裨世，未精者焉敢施为？指盂中之水，久不耗而则倾；顾冶内之金，须知积而有用。事非容易，一首词两下欣逢；学识渊源，几句话三生有幸。执金学道，借服为聚物之囊；割爱延师，重身如无价之宝。明心受业，既行束上之修；寄束言传，莫废师尊之礼。斯其人也，斯其义也，可以为之；非其重焉，非其道焉，孰轻与尔？

物理论

三才始判，八卦攸分。万物不离于五行，群生皆囿于二气。羲皇为文字之祖，苍颉肇书篆之端。鸟迹成章，不过象形会意。云龙结篆，传来竹简添书。秦汉而返，篆隶迭易。钟王既出，楷草出名。其文则见于今，其义犹法于古。人备万物之一数，物物相通；字泄万人之寸心，人人各异。欲穷吉凶之朕兆，先格物以致知。且云天为极大，能望而不能亲，毕竟虚空为体；海是最深，可观而不可测，由来消长有时。移山拔树莫如风，片纸遮窗可避；变谷迁陵惟是水，尺筒无底难充。小弹大盘，日之远近，不辨白衣苍狗，云之变化非常。雨本滋长禾苗，不及时，人皆蹙额；雪能冻压草木，如适中，人喜丰年。月行急疾映于江，莫向水中捞捉。星布循环周八极，谁从天上推移。露可比恩，厌浥行人多畏；霞虽似锦，膏肓隐士方宜。皓皓秋阳，炎火再逢为亢害；涓涓冬月，寒冰重见愈凄凉。顽金不惧洪炉，潦水须当堤岸。雾气空濛推障碍，电光倏忽喻浮生。月下美人来，只恐到头成梦；雪中寻客去，犹防中道而归。

白露可以寄思，迅雷闻而必变。履霜为忧虞之渐，当慎始焉；临渊有战惕之心，保厥终矣。蝎蛛莫指，闺门之事不宜；霖雨既零，稼穑之家有望。阳春白雪，只属孤音；流水高山，难逢知己。至于岩岩山石，生民具瞻；滚滚源泉，圣贤所乐。瀑布奔冲难收拾，溪流湍激不平宁。风水所以行舟，水涌风狂舟必破；雨露虽能长物，雨零霜结物遭伤。社稷自有人求，关津诚为客阻。烟雾迷林终有见，江河出峡去无回。桃夭取妇相宜，未利于买僮置畜；杨柳送行可折，尤喜于赴试求名。松柏堪问寿年，拟声名则飘香挺秀；丝罗可结姻好，比人品则倚势扳援。荷方出水，渐见舒张；梅可调羹，未免酸涩。李有道旁之苦，榄余齿末之甘。笔墨驱使，时日不长；盆盂装载，团圆难久。绠短汲深求未得，戈长力弱荷难成。屠刀割肉利为官，若问六亲多刑损；利刃剖瓜休作事，如占六甲即生男。无人棺椁必添丁，有印书函终见折。厘等则骨贮匣中，纵有出时还须入；算盘则子盈目下，任凭拨乱却成行。瓦只虑其难全，杯亦防其有缺。席可卷舒，终归人下；伞能开合，定出人头。钓乃小去大来，樵则任重道远。素珠团聚，可串而成；蜡烛风流，不能久固。针线若还缝即合，锹锄如用必然翻。凿则损而为利，亦当有关；锯乃断而成器，岂谓无长。又若飞走之声沉，亦关人事之休咎。猢狲被系，还家终是无期；鹦鹉在囚，受用只因长舌。鸽乃随人饮啄，纵之仍入樊笼；马虽无胆驰驱，用之不离缰锁。鲤失江湖难变化，燕来堂屋转疑难。诉理伸冤，逢鸦不白；占身问寿，遇鹤修龄。万物纷纭，理则难尽；诸人愿欲，志各不同。若执一端以断人，是犹胶柱鼓瑟；能反三隅而悟理，方称活法圆机。

卷
之
五

心同金鉴之悬空，妍媸自别；智若玉川之入海，活泼自如。鬼谷子曰："人动我静，人言我听。"旨哉斯言！胡可忽诸。

五行六神辨别论

先以五行为主，次向字中详祸福。既将六神作用，方观笔迹察原因。生克不容情，莫以字音称独美。宜忌须着意，休将文义恃能言。勿取吉字言吉，当认吉中多忌煞。漫将凶字言凶，须详凶处有元神。假如青龙与白虎同行，求功名大得其宜。如庶人得之，反不免相争之咎。父母与妻子聚面，问赴选难从其志。若游子占之，又可触思远之忧。勾陈最忌小金连，惟恐事无间断。朱雀若逢傍水克，须防祸有牵缠。水在木中流，替人濯垢。木从水中出，脱体犹难。五行全不犯凶神，问自身德建名立；六神动再加吉将，若求官体贵身荣。旧事重新，朱、螣双发动；倾家复创，金、土两重临。微火镕金，难成器皿；弱金克木，反自损伤。求济于人，要看水火会合；营谋于众，还祈土木齐登。金多子多，非土不得；土厚财厚，无火不生。水冷木孤，弟兄难靠；金寒土薄，祖业凋零。玄武形青龙得水，连登两榜；白虎尾朱雀衔金，位列三公。玄武临渊，时中之化雨；青龙捧日，阙下之云腾。水非白而无源，金不秋而失气。有勾陈，难结案头文；见朱雀，想量堂上语。田下土深，思还故里；月边水盛，意在归湖。玄武居中，出外不宜行陆路。勾陈定位，居官虽在受皇恩。白虎重重，不敢保今年无事；青龙两两，定不是此日燕居。字中见母母无忧，笔下从兄兄定在。水土形青龙翘首，何忧不得功名？木金相白虎当头，毕竟难逃灾害。重重金火不逢时，百事徒劳；叠叠青黄非见日，几番隆替。贵显招土木，万福皆隆；方体隐龙蛇，千祥并集。朱、勾相合，主唇舌干戈之事；龙、虎同行，风云际会之荣。玄武不遇火，阴中不美；螣蛇无水渡，郊外生悲。纯土自能生官，福从天至；寒金不但无禄，灾自幽来。天贵专权，问功名必登黄甲；文书不动，赴场闱定值空亡。问子须求子在爻，占妻定要妻入数。笔迹孤寒金带水，六亲一个难招；字形丰满土生金，百岁百年易盛。看五行之旺弱切记，卜词讼以官鬼为先；定六将之机微须知，占家宅以本命为主。五行俱有，凡谋皆遂；六神不动，万事咸宁。细玩辞占影响，无差毫发；密搜奥义规绳，不爽纤微。

金声章

混沌未开，一元含于太极。无形之始，乾坤既判，万物成于文章著见之中。故未有其事，而先有象，可预得其体而兆其来。所以苍颉制字，接云霞蝌蚪之文；至圣著书，采随宜义理而用。一字之善，千古流传；半点之疵，万年不泯。君子哉，非挥毫而莫辨；小人焉，一执笔而即知。是以消长盛衰，困极而知变；吉凶祸福，至诚而见神。写来江汉秋阳，皓皓乎不可尚已；意在螽斯诜羽，绳绳兮与其宜焉。惟存好利喜衰，则落笔终须各别；必欲离尘脱俗，而开首自是不同。若烟雾云霞，则聚散去来神变化；风雷日月，其盈虚消息妙裁成。鹦鹉等禽，人皆云其舌巧；虎豹之类，谁不惧其张威？生息蕃盛者，乃稼穑禾苗；与物浮沉者，是江河湖海。渊中鱼跃，水向东流何沮止？天上鸢飞，日从西落四时同。百兽俱胎孕之生，独报麟祥之喜；诸禽皆飞腾之物，只言凤德之衰。禽之鸣也噪也，有形小体大之分；兽之利也钝也，有轻清重浊之辨。香花灯烛，偏宜于朔望之时；铃铎鼓钟，独可于晨昏之际。点点滴滴，万里征衫游子泪；层层叠叠，九行密线老人心。至于犬豕牛羊，叱之即便去；鸡鱼鹅鸭，欲用则不生。狐貉羔裘，无济于夏；红炉黑炭，偏喜于冬。幽林深圃夜无人，情不诬也；楼阁厅堂时有位，理之必然。琴书剑箱，可断儒生负腋；轻裘肥马，当推志士同袍。墨有渐减之虞，笔恐久坚而弱。书成笔架，几上岷山。写到砚池，寓中闷海。如在其上，秋到一天皆皎月；如在其下，春临遍地产黄金。挥出琵琶，到底是写怨之具；描来箫管，终须为耗气之端。假如云雨雾皆能蔽日之光，天正阴时犹是吉；又若精气神本是扶身之主，人来问病反为凶。水急流清，意偕游鱼泼泼；烟飞篆渺，心从云树茫茫。农家落笔，草盛田禾实不足；商者书笺，丝多交易乱如麻。紫绶金章，无者不必写出；蜗名蝇利，有者即便书成。锁钥金汤，必任国家之重寄；羽毛干戚，是祈海甸以清宁。挂锦扬帆，风顺之方必利；舒衾洒帐，雨到之候成欢。礼乐射御书数，如求一艺可执；孝友睦姻妊恤，定其六事皆宜。草木逢雨，时生而旺，要详春秋气候；轿马行际，日近而远，亦揆寒暑光阴。试看画饼望梅，何止饥渴？镜花水月，竟是空虚。欲造字相之微，请明章中之理。

附

录

邵雍传

之一

邵雍，字尧夫。其先范阳人，父古徙衡漳，又徙共城。雍年三十，游河南，葬其亲伊水上，遂为河南人。

雍少时，自雄其才，慷慨欲树功名。于书无所不读，始为学，即坚苦刻厉，寒不炉，暑不扇，夜不就席者数年。已而叹曰："昔人尚友于古，而吾独未及四方。"于是逾河、汾，涉淮、汉，周流齐、鲁、宋、郑之墟，久之，幡然来归，曰："道在是矣。"遂不复出。

北海李之才摄共城令，闻雍好学，尝造其庐，谓曰："子亦闻物理性命之学乎？"雍对曰："幸受教。"乃事之才，受河图、洛书、宓羲八卦六十四卦图像。之才之传，远有端绪，而雍探赜索隐，妙悟神契，洞彻蕴奥，汪洋浩博，多其所自得者。及其学益老，德益邵，玩心高明，以观夫天地之运化，阴阳之消长，远而古今世变，微而走飞草木之性情，深造曲畅，庶几所谓不惑，而非依仿象类、亿则屡中者。遂衍宓羲先天之旨，著书十余万言行于世，然世之知其道者鲜矣。

初至洛，蓬荜环堵，不芘风雨，躬樵爨以事父母，虽平居屡空，而怡然有所甚乐，人莫能窥也。及执亲丧，哀毁尽礼。富弼、司马光、吕公著诸贤退居洛中，雅敬雍，恒相从游，为市园宅。雍岁时耕稼，仅给衣食。名其居曰"安乐窝"，因自号安乐先生。旦则焚香燕坐，晡时酌酒三四瓯，微醺即止，常不及醉也，兴至辄哦诗自咏。春秋时出游城中，风雨常不出，出则乘小车，一人挽之，惟意所适。士大夫家识其车音，争相迎候，童孺厮隶皆欢相谓曰："吾家先生至也。"不复称其姓字。或留信宿乃去。好事者别作屋如雍所居，以候其至，名曰"行窝"。

司马光兄事雍，而二人纯德尤乡里所慕向，父子昆弟每相饬曰："毋为不善，恐司马端明、邵先生知。"士之道洛者，有不之公府，必之雍。雍德气粹然，望之知其贤，然不事表襮，不设防畛，群居燕笑终日，不为甚异。与人言，乐道其善而隐其恶。有就问学则答之，未尝强以语人。人无贵贱少长，一接以诚，故贤者悦其德，不贤者服其化。一时洛中人才特盛，而忠厚之风闻天下。

熙宁行新法，吏牵迫不可为，或投劾去。雍门生故友居州县者，皆贻书访雍，雍曰："此贤者所当尽力之时，新法固严，能宽一分，则民受一分赐矣。投劾何益耶？"

嘉佑诏求遗逸，留守王拱辰以雍应诏，授将作监主簿，复举逸士，补颍州团练推官，皆固辞乃受命，竟称疾不之官。熙宁十年，卒，年六十七，赠秘书省著作郎。元佑中赐谥康节。

雍高明英迈，迥出千古，而坦夷浑厚，不见圭角，是以清而不激，和而不流，人与交久，益尊信之。河南程颢初侍其父识雍，论议终日，退而叹曰："尧夫，内圣外王之学也。"

雍知虑绝人，遇事能前知。程颢尝曰："其心虚明，自能知之。"当时学者因雍超诣之识，务高雍所为，至谓雍有玩世之意；又因雍之前知，谓雍于凡物声气之所感触，辄以其动而推其变焉。于是摭世事之已然者，皆以雍言先之，雍盖未必然也。

雍疾病，司马光、张载、程颢、程颐晨夕候之，将终，共议丧葬事外庭，雍皆能闻众人所言，召子伯温谓曰："诸君欲葬我近城地，当从先茔尔。"既葬，颢为铭墓，称雍之道纯一不杂，就其所至，可谓安且成矣。所著书曰《皇极经世》《观物内外篇》《渔樵问对》，诗曰《伊川击壤集》。

（选自《宋史·列传第一百八十六·道学一》）

邵雍传

之二

邵雍，字尧夫，其先范阳人，曾祖令进以军职隶事艺祖，始家衡漳。[①] 祖德新，父古，皆隐德不仕。先生幼从父迁河南，[②] 即自雄其才力，慕高远，谓先王之事必可致。居苏门山百源之上，布裘蔬食，躬爨养父之余，刻苦自励者有年。已而叹曰："昔人尚友千古，吾独未及四方。"于是逾河、汾，涉淮、汉，周流齐、鲁、宋、郑之墟而始还。时北海李之才摄共城令，授以《图》、《书》先天象数之学。先生探赜索隐，妙悟神契，多所自得。始至洛，[③] 蓬筚瓮牖，不蔽风雨，而怡然有以自乐，人莫能窥也。富郑公、

---

① "曾祖令进……始家衡漳"，《宋史》本传作"父古徙衡漳"，疑误。本书此处系以程颢《邵尧夫先生墓志铭》（见中华书局点校本《二程集》五〇二页）为据。

② "河南"当作"共城"。程颢《墓志铭》云"先生之幼，从父徙共城，晚迁河南"，可证。下文"居苏门山百源之上"（按苏门山在共城）及"时北海李之才摄共城令"云云，亦可证。又按河南指河南府，即洛阳。《墓志铭》称邵雍卒年六十七，而"在洛几三十年"，是雍定居洛阳在三十七岁以后，非幼年之事。《宋史》本传称"雍年三十游河南……遂为河南人"，三十亦不可称"幼"。

③ "始至洛"三字，据《宋史》本传增。

司马温公、吕申公退居洛中，为市园宅。出则乘小车，一人挽之，任意所适。士大夫识其车音，争相迎候。童孺厮隶皆曰："吾家先生至也。"不复称其姓字。遇人无贵贱贤不肖，一接以诚。群居燕饮，笑语终日，不甚取异于人。乐道人之善，而未尝及其恶。故贤者悦其德，不贤者喜其真，久而益信服之。嘉祐中，诏举遗逸，留守王拱辰荐之，授试将作监簿，先生不赴。熙宁初，复求逸士，中丞吕诲等复荐之，补颖州团练推官，皆三辞而后受命，终不之官。新法作，仕州县者皆欲解绶而去，先生曰："此正贤者所当尽力之时。能宽一分，则民受一分之赐矣！"王安石罢相，吕惠卿参政，富公忧之，先生曰："二人本以势利合。势利相敌，将自为仇矣，不暇害他人也。"未几，惠卿果叛安石。先是，于天津桥上闻杜鹃声，先生惨然不乐曰："不二年，南士当入相，天下自此多事矣！"或问其故，曰："天下将治，地气自北而南。将乱，自南而北。今南方地气至矣。禽鸟，得气之先者也。"至是，其言乃验。疾革，谓司马公曰："试与观化一遭。"公曰："未应至此！"先生笑曰："死生亦常事尔！"横渠问疾，论命，先生曰："天命则已知之。世俗所谓命，则不知也。"伊川曰："先生至此，他人无以为力，愿自主张。"先生曰："平生学道，岂不知此。然亦无可主张。"伊川问："从此永诀，更有见告乎？"先生举两手示之，伊川曰："何谓也？"曰："面前路径须令宽。路窄，则自无着身处，况能使人行也！"先生居内寝，议事者在外甚远，皆能闻之，召其子伯温谓曰："诸公欲葬我近地，不可。当从先茔尔。墓志必以属吾伯淳。"熙宁十年七月五日卒，年六十七。程伯子为铭其墓。元佑中，赐谥曰康节。初，欧阳棐过洛，见先生，先生自叙其履历甚详，临别属之曰："愿足下异日无忘此言。"棐受而疑之，所谓不忘者亦何事邪？后二十年，棐入太常为博士，当作谥议，方知先生所属者在是也。所著有《观物篇》、《渔樵问答》、《伊川击壤集》、《先天图》、《皇极经世》等书。咸淳初，从祀孔子庙庭，追封新安伯。明嘉靖中，祀称"先儒邵子"。

百家谨案：周、程、张、邵五子并时而生，又皆知交相好，聚奎之占，可谓奇验，而康节独以图、书象数之学显。考其初，先天卦图传自陈抟，抟以授种放，放授穆修，修授李之才，之才以授先生。顾先生之教虽受于之才，其学实本于自得。始学于百源，坚苦刻厉，冬不炉，夏不扇，日不再食，夜不就席者凡数年。大名王豫尝于雪中深夜访之，犹见其俨然危坐。盖其心地虚明，所以能推见得天地万物之理。即其前知，亦非术数比。明道尝谓先生"振古之豪杰"，又曰："内圣外王之道也。"有问朱子："康节心胸如此快活广大，安得如之？"答曰："他是甚么样工夫！"又有问朱子："学者有厌拘检、乐放舒、恶精详、喜简便者，自谓慕尧夫为人，何如？"曰："邵子这道理，岂易及哉！他胸襟中这个学，能包括宇宙，始终古今，如何不做得大，放得下。今人却恃个甚，敢复如此。"

（本文及注解皆选自黄宗羲《宋元学案》，中华书局1986年版）